# NEUE MORGENKREISIDEEN FÜR KRIPPENKINDER

Lena Buchmann · Stefanie Klaßen

# NEUE MORGENKREISIDEEN FÜR KRIPPENKINDER

## FESTE UND JAHRESZEITEN

Kaufmann

# Inhalt

## Die Lichterzeit im Morgenkreis 65

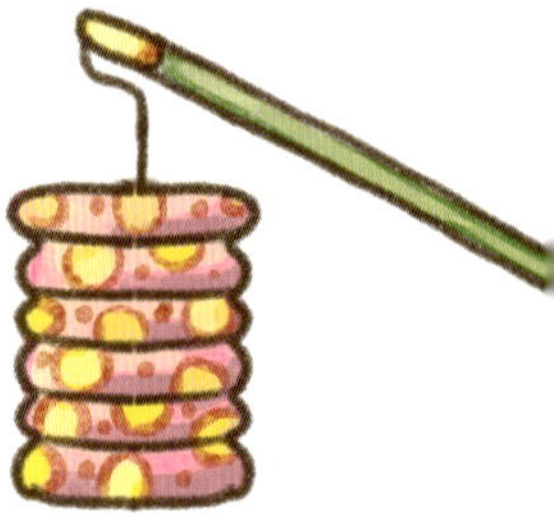



## Halloween im Morgenkreis 71



## Die Adventszeit im Morgenkreis 77



## Der Winter im Morgenkreis 87

# Morgenkreisideen für Krippenkinder

## NEUE IMPULSE FÜR JEDEN TAG IM JAHR

**Im Frühling, im Sommer, kurz vor Weihnachten oder in der Laternen- und Lichterzeit: Mit einem guten Morgenkreis fängt ein guter Tag an. Und wie gelingt Ihr Morgenkreis? Mit Sensibilität, mit guter Atmosphäre – und natürlich mit ganz viel Spaß! Das wäre schon mal ein Anfang. Was bei der Gestaltung des Morgenkreises noch wichtig ist?**

### Auf die Qualität kommt es an

Morgenkreise seien im heutigen pädagogischen Diskurs veraltet und unangenehm für schüchterne Kinder. Sie würden noch allzu oft einfach „verordnet".
So lauteten und lauten Vorbehalte gegen den Morgenkreis als feste Institution im Krippenalltag. Auch manche Eltern finden den Morgenkreis, der zu einer bestimmten (frühen) Tageszeit als Programmpunkt angesetzt wird, wegen der weniger flexiblen Bringzeiten einfach unkomfortabel.
Dabei ist doch zu bedenken, dass es darauf ankommt, wo, wann und in welcher Qualität ein Morgenkreis stattfindet, und wie stark sich die Kinder hier partizipatorisch einbringen können. Ein „guter" Morgenkreis bietet so viele Vorteile, dass es falsch ist, ihn pauschal zu verurteilen.

Der Morgenkreis bietet den Kindern zudem ein äußerst wichtiges Element – die Gemeinsamkeit. Inzwischen wissen wir, dass Krippenkinder schon vielfältige soziale Prozesse erleben und soziale Erfahrungen wichtig und grundlegend für ihre Entwicklung sind. Und gerade der Morgenkreis erlaubt soziales Lernen in Ruhe, mit Geborgenheit und in freundlicher Atmosphäre – wenn er „gut" ist.

### Was macht einen gelungenen Morgenkreis aus?

Ein „guter" Morgenkreis bietet also in punkto Gemeinsamkeit, neben und beim wertschätzenden Begrüßen, auch die Möglichkeit, sich selbst und andere wahrzunehmen – unersetzbar für die kindliche Entwicklung und Motor für viele Entwicklungsprozesse. Ein guter Morgenkreis bietet allen Kindern eine individuelle und freiwillige Möglichkeit, sich einzubringen oder auch mal einfach nur zuzuschauen.
Ein guter Morgenkreis ermöglicht geraden Ihren Krippenkindern Welt- und Orientierungssicherheit, beispielsweise wenn bei kleinen Ritualen oder sich wiederholenden Elementen wie Liedern oder Lieblingsfingerspielen die Kinder mitsprechen können und sich so als Akteure und Kenner erleben. Der Morgenkreis ist dann Lernort für so vieles: Selbstwirksamkeit, Sozial-

kompetenz, Sprache und das Sprechenlernen sowie Musikerfahrung, Sinnes- und Selbstwahrnehmung sind nur einige Stichworte. Der Morgenkreis kann also vieles leisten, wenn er den Bedürfnissen und Wünschen der Kinder gerecht wird.

## Wie „Ihr" Morgenkreis gelingt

Ein Morgenkreis ist kein Hexenwerk: Wer teilnehmen will (und das werden viele oder alle Kinder sein, wenn Sie den Morgenkreis ansprechend und partizipatorisch gestalten), macht mit. Wer lieber spielen möchte, geht dem Lieblingsspiel nach.
Ihr lebendiger Morgenkreis besticht durch für Kinder interessante, manchmal lieb gewonnene bekannte und manchmal spannende neue Ideen – und selbstverständlich durch gute Laune und angenehme Atmosphäre.

Hier ist eine hohe Sensibilität vonseiten der pädagogischen Fachkräfte notwendig, denn gerade in der Krippe können die Kinder am frühen Morgen noch müde oder ängstlich sein, oder sie vermissen ihre Eltern. Darum ist es sinnvoll, wenn auch Lieblingsdecken, Kuscheltiere und Familienerinnerungen wie Fotobücher Zutritt zum Morgenkreis bekommen. Auf diese Weise können Kinder im Morgenkreis auch Erfahrungen von Trost, Geborgenheit und Aufmunterung machen.
Lassen Sie zu, dass der Morgenkreis sich an die Kinder anpasst: Der Morgenkreis kann Launen abfangen, wach und frisch machen, beruhigen, ablenken – je nachdem, wie sich die Kinder fühlen, und je nachdem, was gerade notwendig ist. Das Wichtigste aber ist, dass der Morgenkreis Spaß macht.

Dafür sorgen die Ideen in diesem Buch, die Sie mit den Kindern nach eigenen Ideen umändern, abkürzen, ergänzen oder einfach nur als Inspiration nutzen können. Mit kurzen und auf den Erfahrungshorizont der Krippenkinder abgestimmten kleinen Reimen, Liedchen, mit Minigeschichten, Kniereitern und vielem mehr gestalten Sie Ihren Morgenkreis abwechslungsreich, sensibel, einfach fröhlich, spaßig und immer interessant. Für die Kinder und für Sie selbst.

Kapitel 1

# Wenn das Jahr erwacht

## DER FRÜHLING IM MORGENKREIS

Jedes Jahr im Frühling können Sie mit den Kindern ein Wunder beobachten: Die Natur erwacht aus ihrem Winterschlaf. Für die Kinder ist es vielleicht das erste Mal, dass sie das Erwachen der Blüten und Tiere miterleben können: Schneeglöckchen und Krokusse zeigen sich als Erste, aber dann folgen schon bald all die anderen bunten Tupfer in Wald und Wiese. Nehmen Sie die kleinen und großen Frühlingswunder auch als Themen in Ihren Morgenkreis auf und widmen Sie den Entdeckungen der Kinder Zeit und Aufmerksamkeit. Die Ideen in diesem Kapitel helfen Ihnen dabei.

# Die Schmetterlinge wachen auf

## EINE BEGRÜSSUNGSIDEE IM MORGENKREIS

**Alter** ab 12 Monaten

**Material** nach Wunsch: für jedes Kind eine Decke (siehe Tipp)

**Genau wie wir Menschen wachen auch viele Tiere am Morgen auf. Andere schlafen dagegen tagsüber und werden erst abends aktiv. Wie sich die Tiere wohl „Guten Morgen" wünschen?**

Psst, wir müssen leise sein,
die Schmetterlinge schlafen ein.
*„Pssst!" machen*

Sie kuscheln sich und schnarchen leise,
jeder tut's auf seine Weise.
*das Schlafen der Schmetterlinge nachmachen: schnarchen und sich zusammenkuscheln oder je nach Ideen der Kinder*

Dann geht die Sonne am Himmel auf,
die Schmetterlinge wachen auf.
*mit den Armen die Sonne darstellen, etwa einen großen Kreis malen*

Sie räkeln sich und gähnen auch,
streichen sich über Flügel und Bauch.
*das Gähnen nachmachen, über die Arme und den Bauch streichen*

Dann breiten sie die Flügel aus,
fliegen unter Blättern und Blüten hinaus.
*die Arme ausbreiten und „fliegen"*

**TIPP** Nach Wunsch und weil es so viel Spaß macht, können die Kinder sich zu Beginn des Gedichts unter eine Decke kuscheln und diese dann wegziehen.

### Tiere, die in der Nacht aktiv sind

Wildschweine, Eulen, Füchse und Igel: Viele Tiere kann man nur nachts oder in der Dämmerung zu Gesicht bekommen. Sie heißen nachtaktive Tiere. Schmetterlinge und die meisten anderen Insekten außer den Nachtfaltern sind dagegen tagaktive Tiere.

# Winter, mach's gut!

## EIN CIAO-WINTER-LIED IM FRÜHJAHR

**Alter** ab 12 Monaten

**Wie wird man den Winter endlich los? Vielleicht mit einem Lied, in dem die Kinder noch einmal aufzählen, was es im Winter so alles gab? Kälte, Glätte, Regen und Schnee Tschüss sagen: Das kann den Kindern helfen, sich im Frühling zu verorten. Dieses Lied können Sie einfach zur Melodie von „Guten Abend, gute Nacht" singen.**

Lieber Winter, du musst geh'n,
darum auf Wiedersehen!
*Kinder winken*

Schnee und Kälte sind vorbei,
Frühlingssonne komm herbei.
*das Frieren nachstellen, dann die Sonne pantomimisch herbeiwinken*

Mach es gut, auf Wiederseh'n,
tschüss und ciao und bis bald.
*wieder winken*

Spät im Jahr kommst du zurück,
und dann wird's wieder kalt.
*wieder das Frieren nachstellen*

# Kleiner Marienkäfer

## UNTERWEGS MIT EINEM MARIENKÄFER

**Alter** ab 18 Monaten

**In dieser Bewegungsgeschichte begleiten die Kinder einen Marienkäfer durch seinen Tag.**

Kennt ihr schon Puck, den kleinen Marienkäfer?
Gerade wacht er auf und reckt und streckt sich.
*das Aufwachen nachmachen*

Dann muss er seine Flügel startklar machen:
Er putzt sie schön sauber.
*über beide Arme reiben*

Dann flattert er ein paarmal damit auf und ab.
*mit den Armen Flatterbewegungen machen*

Die Flügel scheinen in Ordnung zu sein.
Jetzt schüttelt er seine vielen Beine aus.
Eines nach dem anderen.
Ah, prima, die Beine sind auch alle in Ordnung.
*die Beine ausschütteln*

Jetzt breitet er seine Flügel aus und fliegt davon auf eine Pflanze.
*wieder Flatterbewegungen machen*

Mmh, auf der Pflanze gibt es leckere Blattläuse.
Der Marienkäfer lässt sie sich schmecken.
*sich über den Bauch reiben*

Und dann? Dann hält er ein kleines Schläfchen bis zum nächsten Tag.
*Hände unter dem Kinn wie zum Schlafen zusammenlegen*

### Marienkäfer

Ab dem Frühjahr lassen sich die kleinen roten Käferchen wieder blicken. Überwintert haben sie oft mit vielen anderen Marienkäfern gemeinsam in Mauerritzen und anderen Hohlräumen. Sie mögen es warm und feucht, daher verstecken sie sich im Winter auch gerne an Fenstern, Dachsparren oder anderen passenden geschützten Orten. Im Frühling legen die Weibchen ganz kleine Eier etwa an den Unterseiten von Blättern ab. Aus den Eiern schlüpfen Marienkäferlarven. Diese Larven sehen von ganz Nahem betrachtet nicht nur recht furchteinflößend aus, sondern sie futtern auch Riesenmengen. Ganz oben auf ihrem Speisezettel stehen Blattläuse. Die kleinen Larven verpuppen sich und verwandeln sich dann zu Marienkäfern.

# Wohin schaust du, Gänseblümchen?

## EIN FINGERSPIEL MIT DER SONNENBEWEGUNG

**Alter** ab 18 Monaten

**Wie ihre großen Sommerschwestern, die Sonnenblumen, folgen auch die Gänseblümchen mit ihren Blütenköpfen der Sonne. Das empfinden die Kinder in diesem Fingerspiel nach.**

Guck mal da, fünf kleine Blümchen
wiegen sich im Frühlingswind,
*die fünf Finger hochhalten und damit wackeln*

richten ihre Blütenköpfchen
nach der Sonne aus geschwind.
*die Hand hin und her drehen*

So drehen sie sich im Sonnenlauf
herum und um und schlafen bei Nacht.
*Hand drehen, dann die Finger einziehen und eine Faust machen*

Doch geht die Sonne wieder auf,
werden die Blüten wieder aufgemacht.
*Hand wieder öffnen und die Finger zeigen*

# Flügelschlag

## EINE SCHMETTERLINGS-MASSAGEGESCHICHTE

**Alter** ab 12 Monaten

**Im Einzelkontakt können Kinder ab etwa einem Jahr diese zarte Massage genießen. Ältere Krippenkinder können sich gegenseitig massieren oder ein Kind wird von allen anderen Kindern gleichzeitig sanft massiert.**

Kleine, zarte Schmetterlinge
fliegen mit dem Frühlingswind.
*zart mit den Fingern über den Rücken des Kindes streichen*

So zart sind sie, die kleinen Flieger,
weiß nicht, wo sie jetzt grad sind.
*die Finger wegnehmen*

Sie kitzeln über Blütenblätter,
*mit den Fingerspitzen über den Rücken tippen*

verkriechen sich bei Regenwetter.
*ganz schnell wegtrippeln und die Hände wegnehmen*

Sie flattern mit Flügeln so bunt und schön,
*beide Handflächen auf den Rücken des Kindes legen*

dann fliegen sie fort: Auf Wiederseh'n!
*mit den Händen von oben nach unten über den Rücken streichen*

### Schmetterlinge im Frühjahr

Manche Schmetterlinge leben länger als ein Jahr: Im Herbst sterben sie nicht, sondern sie überwintern in Verstecken und lassen sich dann schon zeitig im Jahr darauf blicken. Dazu gehören beispielsweise Zitronenfalter und Kohlweißling. Ab etwa März oder April kann man sie auf Blumenwiesen flattern sehen.

# Kommt, wir woll'n nach draußen geh'n!

## EIN ÜBERGANGSLIED FÜRS RAUSGEHEN

**Alter** ab 18 Monaten

**Für Kinder im Krippenalter ist es wichtig, dass sie sensibel durch die kleinen und großen Übergänge begleitet werden. Die kleinen Übergänge im Tagesablauf, genannt Mikrotransitionen, sind zum Beispiel, wenn die Kinder den Raum wechseln oder nach draußen gehen. Dann können Sie gemeinsam dieses Lied singen. Nach Wunsch und Ideen der Kinder können Sie es auch mit Bewegungen begleiten.**

Kommt, wir woll'n nach draußen geh'n,
hollahi, hollaho,
*auf der Stelle laufen*

woll'n die liebe Sonne seh'n, hollahiaho.
*Hand über die Augen legen oder mit den Händen eine runde Sonne in die Luft malen*

Schuhe an und die Jacke auch,
*pantomimisch Schuhe und Jacke anziehen*

hollahi, hollaho,
wärmt die Füße und auch den Bauch, hollahiaho.
*Arme reiben*

Kommt, wir woll'n nach draußen geh'n,
*wieder auf der Stelle laufen*

hollahi, hollaho,
Tiere, Blumen, Bäume seh'n, hollahiaho.
*Hand über die Augen legen wie oben*

Toll, wir freuen uns schon drauf,
*in die Hände klatschen*

hollahi, hollaho,
machen schon mal die Türen auf, hollahiaho.
*das Türöffnen nachstellen*

# Bienen summen

## EIN MITMACHGEDICHT IM SITZEN

**Alter** ab 12 Monaten

**Für dieses Gedicht brauchen die Kinder noch nicht laufen zu können. Sie können es einfach im Sitzen mitmachen. Die älteren Krippenkinder können ebenfalls mitmachen und lernen beim Mitmachen die Angaben „oben“ und „unten“.**

Hör nur die Bienen, wie sie summen
und auf Blütenblättern brummen.
*mit den Armen Flugbewegungen machen*

Sie fliegen nach rechts und links, umher,
brummen und summen dabei sehr.
*Arme nach rechts und links oder zur Seite bewegen*

Sie fliegen und sausen nach oben und unten,
drehen so ihre Fliegtierrunden.
*Arme hinauf und hinunter bewegen*

Sie fliegen im Kreis und trudeln herab,
stürzen beinahe auf Grashalmen ab.
Pardauz! Aus!
*die Kinder können sich nach hinten umfallen lassen oder auf dem Rücken schaukeln und dann eine Weile ausruhen*

**TIPP** Passend hierzu können Sie mit den Kindern draußen einmal anhören, wie Bienen oder auch Hummeln tatsächlich beim Fliegen brummen.

### Warum Insekten brummen

Das Summ- oder Brummgeräusch tritt bei allen Fluginsekten auf und entsteht durch den Flügelschlag während des Fliegens. Hören Sie mal genauer hin: Je schneller das Insekt seine Flügel bewegt, desto heller ist der Brummton. So hören sich winzige Stechmücken ganz hell an, Hummeln oder dicke Käfer summen in einem tiefen Brummton.

# Auf 'ner Wiese ...

## EIN AUFPASS- UND MITBRUMMLIED FÜRS DRAUSSENSEIN

**Alter** ab 24 Monaten

**Findet Ihr Morgenkreis in den wärmeren Jahreszeiten auch einmal draußen statt? Mit diesem Lied lernen die Kinder drei Brumminsekten kennen: Biene, Hummel und Wespe. Können die Kinder das Brummen nachmachen?**

Singen Sie einfach zur Melodie von „Auf der Mauer, auf der Lauer". Nach jeder Strophe können Sie den Text durch Brummen, Summen oder „Au" ersetzen und die Strophe nur mit diesen Lauten nachsingen. Hier können gleich alle Kinder mitsingen, auch wenn sie den eigentlichen Text noch nicht auswendig können.

Auf 'ner Wiese, auf 'ner Blume
sitzt 'ne kleine **Hummel**.
Schau dir mal die Hummel an,
wie die Hummel brummeln kann,
auf 'ner Wiese, auf 'ner Blume sitzt 'ne kleine Hummel.

Brumm, brumm ...

Auf 'ner Wiese, auf 'ner Blume
sitzt 'ne kleine **Biene**.
Schau dir mal die Biene an,
wie die Biene summen kann.
Auf 'ner Wiese, auf 'ner Blume sitzt 'ne kleine Biene.

Summ, summ ...

Auf 'ner Wiese, auf 'ner Blume
sitzt 'ne kleine **Wespe**.
Schau dir mal die Wespe an,
wie die Wespe stechen kann.
Auf 'ner Wiese, auf 'ner Blume sitzt 'ne kleine Wespe.

Au, au, au!

### Wer sticht denn da?

Biene, Hornisse und Wespe stechen etwa gleich schmerzhaft. Bienen und Hornissen sind allerdings in der Regel eher friedfertige Tiere, die nur dann stechen, wenn sie geärgert werden oder wenn sie in Aufregung geraten. Wespen sind aggressiver und darum am ehesten zu fürchten. Die meisten Hummeln können kaum stechen und tun es nur bei direkter Bedrohung, etwa wenn man sich auf sie draufsetzt.

# Blumen blühen

## FRÜHLINGSBLUMEN KENNENLERNEN MIT BEWEGUNGEN ODER KLANG

**Alter** ab 12 Monaten

**Material** die drei Wiesenblumen Löwenzahn, Gänseblümchen, Veilchen (echt oder als Fotos)

**Die meisten Frühlingsblumen schließen ihre Blüten nachts oder bei schlechtem Wetter. Morgens öffnen sie ihre Blüten im Sonnenschein wieder. Hier begleiten die Kinder die drei häufigsten Wiesenblümchen dabei. Kinder, die noch nicht sicher stehen und gehen können, machen einfach im Sitzen oder auf Ihrem Schoß mit.**

Stellen Sie die drei Blümchen in einem kleinen Becher oder einer Vase so, dass die Kinder sie anschauen können. Jetzt im Frühling finden Sie sie fast auf jeder Wiese.

Schau nur, ich habe ein Gänseblümchen geseh'n!
Es öffnet seine Blüte, wie wunderschön!
*die Kinder sitzen in der Hocke, stehen auf, führen die Arme über den Kopf und breiten sie aus, um die Blüte, die sich entfaltet, darzustellen*

Schau nur, ich hab' einen Löwenzahn geseh'n!
Er öffnet seine Blüte, wie wunderschön!
*wie oben*

Schau nur, ich habe ein Veilchen geseh'n!
Es öffnet seine Blüte, wie wunderschön!
*wie oben*

Jetzt wird es ganz bunt, alle Blumen blühen,
wie schön sieht das aus, als ob Lichtchen glühen!
*die Kinder tanzen oder drehen sich auf der Stelle oder klatschen in die Hände*

**TIPP** Variation als Klanggedicht: Auch mit Klang können die Kinder den Text darstellen. Dann verteilen Sie mit den Kindern drei verschiedene Klanginstrumente auf die Blumen. In der letzten Strophe erklingen alle Instrumente gemeinsam.

# Der kleine Vogel kommt auf die Welt

## ERSTE GESCHICHTEN ERZÄHLEN MIT FÜHLSÄCKCHEN

**Alter** ab 18 Monaten

**Material** 1 Säckchen, 1 (Oster-)Ei oder anderes Ei (etwa aus Kunststoff), 1 Küken aus Plüsch oder Stoff, 1 Regenwurm aus Plüsch oder Stoff (etwa ein Faden aus brauner Wolle)

**Zum Sprechenlernen gehört auch, erste kleine Geschichten nachzuerzählen oder selbst erfinden zu können. Auch wenn die Kinder vielleicht ihre Geschichte zunächst mit Hilfe und nicht in ganzen Sätzen erzählen. Dafür bietet sich der Morgenkreis gut an. Sie können die Kinder dabei durch Geschichtensäckchen unterstützen.**

Geben Sie die Materialien in das Säckchen. Im Sitzkreis können die Kinder der Reihe nach einen Gegenstand nach dem anderen aus dem Säckchen nehmen. Benennen Sie sie gemeinsam und legen Sie alles in der Kreismitte aus: Ei, Küken, „Regenwurm". Wie könnte man daraus eine Geschichte machen? Beginnen Sie so:

Eines Tages bewegte sich das Ei …
*die Kinder wackeln und schütteln das Ei*

Es krachte, die Schale riss auf und ein Küken kam auf die Welt.
*das Küken hinsetzen*

Wie es wohl heißt?
*die Kinder können sich einen Namen überlegen*

Unser Küken hatte gleich großen Hunger. Die Kükenmama, das Huhn, brachte ihm einen Regenwurm.
*den Regenwurm hinlegen*

Das Küken pickte ihn auf, schluckte ihn runter: Mmh, war das lecker!
*den Regenwurm wegnehmen*

Nun können die Kinder die Geschichte nacherzählen. Ältere Krippenkinder können weitere Gegenstände dazunehmen und die Geschichte so noch weiter ausbauen.

# Erdbeerbutter

## EINE LECKERE ÜBERRASCHUNG IM FRÜHLINGSKREIS

**Alter** ab 12 Monaten

**Material** 200 g Erdbeeren, 150 g weiche Butter, Süße nach Wunsch: etwa 1 Teelöffel Honig oder etwas Puderzucker

**Mmmh, die ersten heimischen Erdbeeren schmecken immer ganz besonders gut. Überraschen Sie die Kinder im Morgenkreis oder beim Frühstück doch einmal mit dieser Leckerei. Alternativ können Ihre Kleinen aber auch schon beim Zubereiten helfen.**

Die Erdbeeren gut abwaschen und vom Grün befreien. Mit dem Pürierstab fein pürieren. Nach Wunsch nun die Süße zufügen und unterrühren. Dann die Butter dazugeben und alles gut vermengen. In Förmchen oder eingewickelt in Folie im Kühlschrank fest werden lassen.

**TIPP** Die Erdbeerbutter passt zu Brot, Zwieback, Knäckebrot oder zu Rosinenbrötchen.

Kapitel 2

# Juhu, der Osterhase kommt!

## DIE OSTERZEIT IM MORGENKREIS

Bunte Ostereier, gespannte Vorfreude auf den Osterhasen und freie Tage mit der Familie. Dazu wird es jetzt draußen wärmer und die Natur lockt mit bunten Blumen und Frühlingswetter auch Outdoor-Muffel vor die Tür. Die Osterzeit ist in jedem Jahr etwas ganz Besonderes. In diesem Kapitel erfahren Sie, mit welchen Liedern, Spielen und Reimen Sie die Kinder in der Osterzeit begleiten können. Osterhasen, Küken und Hühner kommen hier zu Besuch und wünschen guten Morgen.

# Osterhase im Versteck

## EIN HAND- UND KITZELSPIEL ZUM FREUEN

**Alter** ab 12 Monaten

**Mit diesem einfachen und lustigen Fingerspiel fangen Sie die Aufmerksamkeit der Kinder schnell ein. Auch wenn ein Kind einmal nicht gut gelaunt ist, ist dieses kleine Spielchen eine gute Möglichkeit zur Aufheiterung und Ablenkung. Aber auch im Morgenkreis, wenn alle Kinder gemeinsam mitmachen, sorgt es bestimmt für so manchen Lacher.**

Schau mal da, im hohen Gras
sitzt ein Has' und denkt sich was.
*die gespreizten Finger als Grashalme vor das Gesicht halten und hindurchgucken*

Das Gras fängt an zu schwingen,
der Hase will gleich springen.
*mit den Fingern wackeln*

Schwupp, da kommt er, der Herr Hase,
kitzelt jetzt an deiner Nase.
*das Kind an der Nase kitzeln; im Morgenkreis dürfen sich die Kinder selbst an der Nase kitzeln*

# Unterwegs mit dem Osterhasen

## EIN BEWEGUNGSGEDICHT FÜR DIE OSTERZEIT

**Alter** ab 24 Monaten
**Material** 1 Korb mit Kunststoff- oder Styroporeiern

**Der Osterhase hat jetzt richtig viel Arbeit. Wie wäre es, wenn die Kinder morgens einmal mit dem Osterhasen aufstehen und mit viel Bewegung seinen Tagesablauf erfahren?**

Bevor Sie starten, können Sie die Eier auf dem Boden verteilen. Im Verlauf des Bewegungsgedichts können die Kinder sie wieder einsammeln.

Am Morgen steht Herr Hase auf,
reibt sich Augen und den Bauch.
*die Augen und den Bauch reiben*

Er gähnt und reckt sich,
*gähnen*

streckt und schüttelt sich,
*sich strecken und dann Beine*
*und Arme ausschütteln*

kämmt und bürstet sich,
*pantomimisch das Kämmen*
*oder Bürsten nachstellen*

niest und schnäuzt sich.
*die Nase reiben*

Zum Frühstück ein Möhrchen oder zwei,
*darstellen, wie der Hase an einer Karotte nagt*

ein Teechen gibt es auch dabei.
*das Trinken nachmachen*

Nun ist's schon Zeit zum Eiermalen,
bunte Farben auf die Schalen.
*das Eieranmalen darstellen*

Die Eier sammelt er alle ein,
bald müssen sie schon bei den Kindern sein.
*die verstreuten Eier in den Korb zurücklegen*

# Horch, die Küken schlüpfen aus!

## EIN KLANGGEDICHT FÜR KLEINE KÜKEN

**Alter** ab 24 Monaten

**Material** nach Wunsch entweder die eigene Stimme oder Klanginstrumente, beispielsweise Glöckchen

**Wie ist das eigentlich, wenn ein Küken schlüpft? Das können die Kinder beispielweise mit Ihnen im Internet auf Video angucken und anschließend nachspielen, indem sie aus einer Decke (als Eierschale) schlüpfen. Und dann könnte noch dieses Gedicht Freude machen, bei dem ganz viel Kükengepiepse wichtig ist.**

Vier Eierchen liegen im Hühnernest,
drin ist es ruhig, sie schlafen noch fest.
*Stille, flüstern*

Da wackelt das erste der kleinen Eier,
ein Küken schlüpft zur Geburtstagsfeier.
*ein Glöckchen läutet*

Horcht nur, wie's zwitschert und wie es piept,
mit den Flügeln schlägt und fiept!
*die Kinder machen Piepgeräusche*

Dann wackelt das zweite Eichen sacht,
schon wird die Schale kaputt gemacht.
*Stille, flüstern*

Das zweite Küken schlüpft jetzt, hurra!
Und – huch – das dritte ist auch schon da!
*zwei Glöckchen klingeln*

Horcht nur, wie's zwitschert und wie es piept,
mit den Flügeln schlägt und fiept!
*die Kinder machen wieder Piepgeräusche*

Jetzt kommt das letzte Küken dazu,
schlüpft aus der Schale und aus ist die Ruh'.
*alle Glöckchen klingeln*

Horcht nur, was für ein Kükenlärm,
die Küken: Sie zwitschern und piepen so gern.
*die Kinder machen ganz laute Piepgeräusche*

**TIPP** Alternativ können die Kinder das Gedicht auch nur mit der eigenen Stimme verklanglichen.

# Schüttelschachtel

## EIER FÄRBEN MIT BEWEGUNG UND REIM

**Alter** ab 12 Monaten

**Material** 1 Schuh- oder anderer Karton mit Deckel, Fingerfarben, Styropor- oder Watteeier, Zeitungspapier, Pinsel

**Bunte Ostereier ganz ohne Pinselschwingen? Mit dieser Schüttelschachtel gelingen schon den Kleinsten tolle bunte Ostereierkunstwerke. Dazu passt ein kleiner Zauberreim.**

Die Kinder können zunächst die Schachtel in Ruhe untersuchen und erforschen. Sie werden feststellen, dass man sie öffnen und schließen und Dinge darin verstecken kann. Dann kann es losgehen. Mit dem Pinsel geben Sie für die Kinder zwei oder drei Kleckse Farbe in den Karton. Schön sieht es aus, wenn Sie dabei in einer Farbfamilie bleiben. Beispielsweise können Sie für das erste Ei einen Klecks Weiß und Rot oder Rot und Rosa in die Schachtel geben. Die Kinder stecken nun ein Ei in die Schachtel und legen (wichtig!) den Deckel auf. Mit zugehaltenem Deckel die Schachtel kräftig schütteln und den Zauberreim sprechen:

Rüttel, schüttel, Farbenmeer,
wir mögen bunte Eier sehr.

Nach dem Schütteln sollte das Ei rundum bunt gemustert sein. Auf Zeitungspapier ausgelegt können alle so gefärbten Eier trocknen.

# Osterhase, wach auf!

## EINE SPIELGESCHICHTE, UM SICH DEN OSTERHASEN HERBEIZUFREUEN

**Alter** ab 18 Monaten

**Material** Decke und nach Wunsch ein Kissen

**Was passiert denn eigentlich, wenn der Osterhase mal verschläft? Damit es gar nicht erst so weit kommt, bietet sich dieses kleine Aufweckspiel an. Ein Kind, das noch sehr müde ist und Lust hat, den Osterhasen zu spielen, darf sich in eine Decke kuscheln und als Osterhase in die Kreismitte legen. Achten Sie darauf, dass bei weiteren Spielrunden auch andere Kinder den Osterhasen spielen dürfen.**

Der Osterhase schlummert in seinem Osterhasenhaus.
*das Kind in der Kreismitte kuschelt sich in das Bettzeug und tut so, als würde es schlafen*

Er schnarcht so laut, dass er seinen Wecker gar nicht hört.
*das Kind in der Kreismitte schnarcht*

Könnt ihr ihn vielleicht wecken? Lasst uns zusammen rufen: „Osterhase, wach auf!“
*leise gemeinsam rufen*

Leider schläft er immer noch.
*Kind schläft weiter*

Was machen wir denn jetzt? Er muss doch die Eier zu den Kindern in die Krippe/Kita (Name der Einrichtung einfügen) bringen. Lasst uns noch mal rufen, aber etwas lauter: „Osterhase, wach auf!“
*etwas lauter gemeinsam rufen*

Er hört es immer noch nicht.
*Kind in der Kreismitte stellt sich weiter schlafend*

Vielleicht hilft es, wenn wir ihm ein kleines Lied singen?
*gemeinsam ein kurzes Lied singen*

Nein, leider schläft er immer noch. Also rufen wir jetzt mal ganz laut: „Osterhase, wach auf!"
*ganz laut rufen alle zusammen*

Er schläft immer noch. Vielleicht, wenn wir ihn ganz zart kitzeln?
*die Kinder dürfen den „Osterhasen" sanft kitzeln*

Ah, jetzt wacht er auf, prima!
*alle klatschen Applaus*

# Karotten aus Dinkelteig

## EINE GESUNDE SNACKIDEE FÜR HUNGRIGE OSTERHASEN

**Alter** ab 8 Monaten

**Material** (für 30 kleine Karotten)
200 g helles Dinkelmehl, 1 kleine, weiche Banane,
1 mürber Apfel, fein gerieben, 50 ml Rapsöl

**Diese leckeren Karotten sind ganz aus Teig. Gut zu greifen für kleine Hände, schön weich und ohne Zucker. Sie gelingen ganz einfach und schnell. Toll für den Ostermorgenkreis im Freien als Picknickhighlight.**

Die Banane schälen und mit dem Pürierstab oder einer Gabel zerdrücken, den geriebenen Apfel dazurühren. Mehl und Öl zugeben und alles gut miteinander vermischen. Ist der Teig noch zu nass, etwas mehr Mehl dazugeben, ist er zu trocken, einen Esslöffel Öl unterkneten. Aus dem Teig etwa zwanzig bis dreißig kleine Möhren formen und auf mit Backpapier belegte Bleche verteilen. Im vorgeheizten Ofen bei 180 °C etwa 10 bis 15 Minuten goldbraun backen und gut auskühlen lassen.

**TIPP** Statt des Öls können Sie auch weiche Butter verwenden und den Apfel durch geriebene Möhre oder Zucchini ersetzen.

# Osterhasenflitzer

## EIN KNIEREITER FÜR DIE OSTERZEIT

**Alter** ab 10 Monaten

**Im Einzelkontakt macht dieser Kniereiter Freude. Er stellt das Fahren im Osterhasenflitzer nach. Der persönliche enge Körperkontakt zu Ihnen als pädagogischer Fachkraft ist für die jüngeren Krippenkinder noch sehr wichtig. Dazu bieten Kniereiter immer eine gute Gelegenheit.**

Herr Hase steigt in seinen Flitzer,
ein schickes Auto mit Chrom und Glitzer.
*das Kind auf den Schoß nehmen*

Er legt den Gang ein, ratter und knatter.
Haaalt! Was ist das? Das ist ja ein Platter!
*das Kind auf den Knien wiegen, dann stoppen*

Reifen kaputt, das Auto steht schief,
hängt an der Seite herab, ganz tief.
*das Kind gut festhalten, sich mit dem Kind ganz auf eine Seite legen*

Schnell repariert, jetzt rattert er weiter,
eine Kurve nach links, der Hase ist heiter.
*das Kind wieder auf den Knien wiegen, dann für eine Kurve nach links neigen*

Ratter und knatter, dann sind wir da,
Ostern ist jetzt, wie wunderbar!
*das Kind wieder auf den Knien wiegen, dann gemeinsam in die Hände klatschen*

# Fünf kleine Osterhasen

## EIN FINGERSPIEL FÜR KLEINE HÄNDE

**Alter** ab 18 Monaten

**Bei diesem Fingerspiel müssen die Kinder fünf müde Osterhasen durch Pusten aufwecken. Ob es ihnen gelingt?**

Fünf kleine Osterhasen
reiben sich die Ohren und Nasen.
*die fünf Finger zeigen und damit wackeln*

Klappen die Ohren auf und zu,
singen ein Osterlied dazu.
*Hand auf- und wieder zuklappen*

Der erste schläft jetzt leider ein,
der zweite schlummert, ein dritter schläft ein.
*nacheinander Daumen, Zeige- und Mittelfinger einklappen*

Der vierte gähnt, gesellt sich dazu,
der fünfte macht auch schon die Augen zu.
*Mittelfinger und kleinen Finger einklappen, sodass eine Faust entsteht*

Jetzt schlummern sie alle in seliger Ruh.
Da kommt ein Wind und pustet sie wach:
„Schnell, ihr Hasen, an die Arbeit gemacht!"
*über die Faust pusten*

# Osterhase Wackelohr

## EIN OSTERLIED MIT VIEL BEWEGUNG

**Alter** ab 18 Monaten

**Es gibt viele Weihnachtslieder, aber wenige Osterhasenlieder, die schon die Krippenkinder gut mitmachen oder verstehen können. Bei diesem Lied können die Kinder eine einfache Melodie mit Bewegung verbinden.**

Singen Sie die Strophen zur Melodie von „Brüderchen, komm tanz mit mir“ oder zu einer selbst ausgedachten Melodie. Die Kinder führen dabei einfach die jeweils in der dritten Zeile erwähnte Bewegung aus.

Osterhase Wackelohr,
komm aus deinem Versteck hervor!
Stampf herbei,
eins, zwei, drei,
komm und sei auch du dabei!

**Variationen je nach Alter:**
Tanz herbei, …
Hüpf herbei, …
Renn herbei, …
Schleich herbei, …

**TIPP** Als Tanzspiel können die älteren Krippenkinder auch ein Kind auswählen, das als Osterhase außerhalb des Stehkreises steht. Zu den ersten beiden Zeilen können die Kinder Winkbewegungen machen, die den Osterhasen in den Kreis locken sollen. Dann kann das Osterhasenkind zu den nächsten Zeilen in den Kreis springen / tanzen / … In der letzten Zeile springen / tanzen … dann alle zusammen.

# Kapitel 3

# Endlich Sommer!

## DER SOMMER IM MORGENKREIS

Der Sommer ist toll: Draußen im Sandkasten spielen, Sommerobst naschen, im Planschbecken planschen – all das macht den Kleinen Riesenspaß. Aber gerade an heißen Tagen müssen Sie vermehrt auf Sonnenschutz achten. Das bedeutet nicht nur, an den Sonnenhut und Sonnenmilch zu denken, sondern auch, die Kinder vor Ozon, Keimen und Bakterien zu schützen und ans Trinken zu erinnern. Da helfen Trinksprüchlein, Eincremereime und Handwaschsongs aus diesem Kapitel schon im Morgenkreis. Aber auch Sommerblumen und Gartentiere kommen auf den nächsten Seiten zu Wort.

# Erdbeerzauber

## EIN VERSTECKSPIEL MIT SNACKIDEE UND REIM

**Alter** ab 12 Monaten

**Material** Erdbeeren (gewaschen, ohne Stiele und Blätter), 1 Schüsselchen, 1 Becher

**Sehr junge Kinder finden es oft interessant, wenn Dinge plötzlich in einem Versteck verschwinden. Eine gute Gelegenheit für ein kleines Aufpass- und Greifspiel. Die zu erbeutende Erdbeere darf später natürlich auch verspeist werden.**

Verstecken Sie unter dem Becher eine Erdbeere. Die Kinder dürfen nachschauen, ob die Erdbeere noch da ist, und den Becher hochheben und wieder auf die Erdbeere stülpen, solange es ihnen gefällt. Nun können Sie ein Versteckspiel dazu spielen: Dazu können sich die Kinder um einen Tisch setzen.

Passt mal auf und schaut gut hin:
Wo ist denn bloß meine Erdbeere hin?
*den leeren Becher zeigen*

Ich leg sie hin in das Versteck,
wer schnell ist, holt sie wieder … weg.
*die Erdbeere unter den Becher legen, dann den Becher langsam anheben, sodass sich ein Kind/das schnellste Kind die Beere schnappen kann*

# Fünf kleine Löwenzähne

## WIE AUS LÖWENZÄHNEN PUSTEBLUMEN WERDEN

**Alter** ab 18 Monaten

**Material** eine Pusteblume oder einen Löwenzahn

**In diesem Mitmachgedicht begleiten die Kinder einen Löwenzahn vom winzigen Blümchen zur bunten Wiesenblume und schließlich zur Pusteblume.**

Betrachten Sie mit den Kindern die echte Blume. Mit etwas Glück können Sie einen Löwenzahn betrachten, der gleichzeitig gelbe Blüten und Pusteblumen hat. Aus den gelben Blüten entstehen später die Pusteblumen, und zwar so:

Ein kleines Blümchen weht im Wind,
reckt sich, wird größer, geschwind, geschwind.
*aus der Hocke ins Stehen kommen*

Es öffnet seine Blüte, wie schön,
herrlich ist sie anzuseh'n!
*die Arme über den Kopf führen und ausbreiten*

Bienen fliegen um die Blüte herum,
sammeln Nektar mit Gesumm.
*die Arme wie beim Fliegen bewegen*

Doch eines Tages kommt es dazu:
Die Blüte schließt ihre Blätter zu.
*die Arme über dem Kopf zusammenlegen und in die Hocke gehen*

Oben gucken noch Härchen heraus,
dann geht sie ganz plötzlich wieder auf.
*wieder aus der Hocke hochkommen und die Arme wie oben ausbreiten*

Eine Pusteblume ist jetzt zu sehen,
die Schirmchen sind weg, wenn Winde wehen.
*mit den Armen wieder Flugbewegungen machen*

Tschüss, ihr Schirmchen!
*winken*

# Armes kleines Entchen

## EIN SCHOSS- UND TRÖSTELIED FÜR ALLE FÄLLE

**Alter** ab 6 Monaten

**Material** nach Wunsch: ein kleines Entchen aus Kunststoff

**Manchmal muss ein Trostlied her, beispielsweise wenn Kinder morgens ihre Eltern noch sehr vermissen oder wenn sie nach einem Sturz oder Schreckerlebnis getröstet werden möchten. Dann bietet sich dieses kleine Lied an, das Sie zur Melodie von „Suse, liebe Suse“ singen können.**

Armes kleines Entchen,
was hast du gemacht?

Ach, das geht schon bald vorüber,
das wär doch gelacht.

Ich halt dich und tröst dich und schon ist es gut
und das arme kleine Entchen hat bald wieder Mut.

**TIPP** Mit dem Entchen können Sie das Lied nachspielen: Das Kind kann das Entchen stürzen lassen, es dann trösten und anschließend schwimmen lassen.

# Schmutzige Wichtel

## EIN HANDWASCH-FINGERSPIEL VOR ODER NACH DEM MORGENKREIS

**Alter** ab 12 Monaten

**Vor einem kleinen Snack, nach dem Draußenspiel und bei vielen anderen Gelegenheiten ist Händewaschen angesagt. Doch nicht immer haben die Kinder Lust dazu. Das könnten Sie mit diesem kleinen Fingerspiel ändern, bei dem es darum geht, wann genau man sich die Hände waschen muss. Dazu können Sie Ihre Fingerkuppen mit lachenden Gesichtern bemalen.**

Es waren einmal fünf kleine Wichtelein,
die wollten gerne sauber sein.
*die Hand mit den fünf Fingern zeigen*

Der erste hat gespielt im Sand,
drum wäscht er sich Gesicht und Hand.
*den Daumen zeigen*

Der zweite hat im Matsch gewühlt,
weshalb er sich jetzt wäscht und spült.
*den Zeigefinger zeigen*

Der dritte, der hat Teig gemacht,
wäscht Hände jetzt, guck, wie er lacht.
*den Mittelfinger zusätzlich hochhalten*

Der vierte war grad auf dem Klo,
ein Bädchen jetzt, das macht ihn froh.
*den Ringfinger zeigen*

Der kleinste Wichtel vor dem Essen
hat's Händewaschen nicht vergessen.
*den kleinen Finger dazu hochhalten*

Jetzt sind die Wichtel sauber und rein,
und freuen sich, denn so soll's sein.
*in die Hände klatschen*

# Kleiner Marienkäfer

## EIN KITZLIGES FINGERSPIEL MIT KÄFER KURT

**Alter** ab 18 Monaten

**Diese Fingergeschichte handelt vom Marienkäfer Kurt, der eines Tages auf dem Rücken landet und nicht wieder hochkommt. Wie gut, dass er schnell Hilfe bekommt!**

Spielen Sie die Geschichte den Kindern (oder in der Einzelsituation dem Kind) einmal ganz vor. Dann kann das Kind auch selbst mitmachen. Toll, wenn Sie draußen einen echten Marienkäfer oder einen anderen Käfer entdecken können. Vielleicht braucht dieser Käfer ebenfalls gerade Hilfe?

Kaum wird es am Morgen hell,
beeilt sich Käfer Kurt sehr schnell.
*mit einer Hand schnell über den Oberschenkel oder Tisch krabbeln*

Stolpert und fällt hin: Pardauz!
Wer hilft ihm jetzt bloß wieder auf?
*die Hand auf den Handrücken drehen und mit den Fingern zappeln*

Da kommt ein kleiner Wicht dazu,
der kitzelt Käfer Kurt am Fuß.
*mit der anderen Hand auf zwei Fingern als Wicht angelaufen kommen und die liegende Hand am Finger kitzeln*

Da muss der Käfer kräftig lachen.
Doch nützt's nichts, was ist da zu machen?
*mit den Fingern der Käferhand wackeln*

„Käfer, klapp die Beinchen zu,
dann dreh ich dich, zwei, drei, im Nu!
*die Käferhand zur Faust schließen und mit der anderen Hand herumdrehen*

„Gut gemacht!", das sagt der Wicht,
denn Käfer haben viel Gewicht.
*in die Hände klatschen*

# Schön, schön, schön

## EIN MITRÄTSEL- UND AUFPASSLIED FÜR DEN SOMMER

**Alter** ab 24 Monaten

**Material** ein großer Korb oder Wäschekorb
Sommersachen, etwa Badehose, Sonnenbrille, Sonnenmilch, Sandale, Schwimmtier oder Schwimmflügel
Wintersachen wie eine dicke Socke, ein dicker Schal, Handschuhe

**Was braucht man denn alles im Sommer? Eine Sonnenbrille? Sonnenmilch? Oder vielleicht dicke Socken? Wissen das die Kinder? In diesem Lied können sie ihr Wissen unter Beweis stellen.**

Gehen Sie mit den Kindern die Sachen durch und benennen Sie die Gegenstände einzeln. Können die Kinder sie sortieren nach Dingen, die man im Sommer braucht, und Dingen, die man nur bei Kälte gebrauchen kann? Nach dieser Vorübung können Sie starten: Singen Sie das Lied zur Melodie von „Grün, grün, grün sind alle meine Kleider". Im Anschluss an jede Strophe halten Sie einen Gegenstand hoch. Die Kinder schreien „Ja!", wenn sie diesen Gegenstand im Sommer brauchen oder laut „Nein!", wenn er nicht in den Sommer gehört:

Schön, schön, schön sind meine Sommersachen,
schön, schön, schön ist doch die Sommerzeit.
Darum lieb ich alle Sommersachen,
Badehose und mein Sommerkleid.

TIPP Schwieriger wird das Spiel, wenn sie weitere, den Kindern noch unbekannte Dinge in den Korb schmuggeln, vielleicht eine Weihnachtskugel oder einen gefütterten Stiefel. Kleider aus der Puppenecke eignen sich ebenfalls, um nach „Sommer" und „Winter" sortiert zu werden.

# Heute ist es draußen heiß

## EIN ÜBERGANGSLIED, UM AN DEN SONNENHUT ZU DENKEN

**Alter** ab 12 Monaten

**Im Sommer ein Muss: der Sonnenhut. Mit diesem Reim stimmen Sie die Kinder im Morgenkreis aufs Rausgehen ein und erinnern alle an ihren Hut.**

Singen Sie dieses Lied zur Melodie von „Dornröschen war ein schönes Kind". Die Kinder können dazu die passenden Bewegungen machen oder Sie nutzen es auch tatsächlich direkt vor dem Rausgehen, um Sonnenhüte aufzuziehen und die Kinder mit Sonnenmilch einzucremen.

Heut' scheint die Sonne draußen hell, draußen hell, draußen hell,
*die Sonne mit den Händen rund in die Luft malen*

da schwitzen alle Kinder schnell, Kinder schnell.
*das Schwitzen nachmachen, etwa mit der Hand über die Stirn wischen*

Drum ziehen wir ein Hütchen auf, Hütchen auf, Hütchen auf,
das kommt auf unser Köpfchen drauf, Köpfchen drauf.
*das Aufsetzen des Hütchens nachmachen*

Dann cremen wir die Arme ein, Arme ein, Arme ein,
denn das schützt vor dem Sonnenschein, Sonnenschein.
*das Eincremen der Arme nachmachen*

**Weitere mögliche Strophen:**
Dann cremen wir die Beine ein …
*das Eincremen der Beine nachmachen*

Dann cremen wir die Hände ein …
Dann …

**TIPP** Sie können das Lied auch nutzen, um Tiernamen kennenzulernen. Dazu fügen Sie in der ersten Strophe statt „da schwitzen alle KINDER schnell" ein Tier ein, etwa: „da schwitzen alle Vögel schnell". So können Sie alle Tiere durchgehen, die die Kinder heute im Kita-Garten oder auf einem Spaziergang entdeckt haben.

# Wenn es regnet ...

## EIN KLANGLIED FÜR REGENTAGE

**Alter** ab 24 Monaten

**Material** eine Rassel für jedes Kind, nach Wunsch: Bilder der Tiere, die im Lied erwähnt werden

**Regentage finden die Kinder vielleicht doof, denn wenn es so richtig nass ist, können sie meist nicht nach draußen. Aber die Natur ist auf den Regen angewiesen. Viele Tiere (und auch die Pflanzen) freuen sich über das Nass von oben. Mit einigen Klanginstrumenten können die Kinder den Regen nachmachen.**

Das Regenlied können Sie zur Melodie von „Kleine Meise" singen oder auch zu einer selbst ausgedachten Melodie. Sie können den Text aber auch einfach nur zusammen sprechen. Die ersten beiden Zeilen in jeder Strophe begleiten die Kinder mit Rasseln. In der letzten Strophe können die Kinder ihre Rasseln die gesamte Strophe über erklingen lassen.

Wenn es regnet, wenn es regnet,
sagt, wer freut sich denn da?
Na, die Schnecke, na, die Schnecke
mag den Regen sogar.

Wenn es regnet, wenn es regnet,
sagt, wer freut sich denn da?
Regenwürmer, Regenwürmer
mögen Regen sogar.

Wenn es regnet, wenn es regnet,
sagt, wer freut sich denn da?
Na, die Frösche, na, die Frösche
mögen Regen sogar.

Weitere Strophen:
Na, die Bäume, ...
Na, die Blumen, ...
Na, die Vögel, ...

Wenn es regnet, wenn es regnet,
wird die Erde ganz nass.
Manche Tiere, manche Pflanzen
haben dann ihren Spaß.

**TIPP** Ergänzen Sie weitere Tiere und Pflanzen, die sich über den Regen freuen, beispielsweise nach eigenen Eindrücken der Kinder in der Natur. Nach Wunsch können Sie mit den Kindern auch Bilder dieser Tiere und Pflanzen anschauen, etwa in Sachbilderbüchern.

# Es krabbelte eine Spinne

## EINE SONNENMILCHMASSAGE VOR DEM NACHDRAUSSENGEHEN

**Alter** ab 10 Monaten

**Material** geeignete Sonnenmilch

**Kitzeln und kleine Geschichten erzählen: Wenn das Eincremen so stattfindet, wollen bestimmt alle Kinder eingecremt werden, bevor es nach draußen geht. Falls die Spinne nicht gewünscht ist oder jedes Kind seine eigene Geschichte bekommen soll, können auch Raupen, Tausendfüßler oder andere Tierchen mit vielen Beinen unterwegs sein.**

Es krabbelte einmal eine kleine Spinne.
*mit der Hand über das Kind krabbeln*

Überall, wo sie ging, verlor sie Strümpfe – und das waren sehr viele, weil Spinnen viele Beine mit Füßen dran haben: hier ein Strümpfchen, da ein Strümpfchen …
*Sonnenmilch in kleinen Tröpfchen auftröpfeln*

Doch eines Tages kam ein Gewitter mit Sturm und fegte über alles hinweg.
*die Sonnenmilch gut einmassieren*

Es donnerte und blitzte und stürmte …
*weiter einmassieren*

… und seitdem tragen die Spinnen keine Strümpfe mehr. Ob das stimmt?

# Wie das Fähnchen

## EIN PUSTE- UND WINDLIED FÜR HEISSE TAGE

**Alter** ab 8 Monaten

**Material** für die Erweiterung: 1 Stück Pappe oder Karton

**Kennen Sie das bekannte Handgestenlied? Die Kinder bewegen dazu einfach nur die hochgehaltenen Hände hin und her oder drehen sie. Hier können schon die Allerkleinsten mitmachen. Unsere Erweiterung bringt noch etwas kühle Luft ins Spiel.**

Wie das Fähnchen auf dem Turme
sich da dreht bei Wind und Sturme.
So sollen sich uns're Händchen, Händchen dreh'n,
dass es eine Lust ist, zuzuseh'n.

**Erweiterung:**
Wie die Winde auf den Bergen
wehen über Riesen, Elfen, Zwergen.
So weht uns ein Lüftchen, Lüftchen an,
Windchen für uns alle, wir freuen uns daran.

TIPP Zur Erweiterung wedeln Sie für die Kinder mit den Wedeln aus Pappe oder Karton, sodass ein kleines Lüftchen entsteht. Die älteren Krippenkinder können das nachmachen und sich gegenseitig Luft zuwedeln. Bemalen Sie Ihre „Wedel“ doch auch mit Wachsmalstiften und legen Sie sie für heiße Tage bereit.

# Trinken nicht vergessen!

## EIN TRINKSPRÜCHLEIN FÜR HEISSE TAGE

**Alter** ab 12 Monaten

**Material** einen geeigneten Trinkbecher pro Kind, geeignetes Getränk für alle (zum Beispiel Wasser, ungesüßter Tee oder Fruchtsaftschorle)

**Gerade für Kleinstkinder ist das Trinken lebenswichtig. An heißen Sommertagen darf die Trinkmenge auch mal etwas mehr sein. Dieser kleine Reim hilft dabei.**

Sprechen Sie dieses kleine Trinkgedicht einfach immer wieder im Lauf des Tages gemeinsam und trinken Sie danach. Das hilft Ihnen auch dabei, einzuschätzen, wie viel die Kinder trinken – und ob es genug ist. Füllen Sie vor dem Spruch die Becher der Kinder auf, so können Sie schnell zusammenrechnen, wie viel alle getrunken haben. Besorgten Eltern können Sie dann genau Auskunft geben, ob/dass ihr Kind genug Flüssigkeit zu sich genommen hat.

Gluck, gluck, gluck,
wir nehmen einen Schluck!
Wir trinken und nippen,
saufen und kippen,
glucksen
und schlucksen.
Danach ein Rülpser, huch, oje,
der kommt vom Trinken,
ob Sprudel oder Tee.

Können die Kinder vormachen, was „nippen“ ist? Was ist „schlürfen“? Bei den lustigen Geräuschen darf auch einmal gelacht werden!

**TIPP** Wasser und Tee finden die Kinder langweilig? Dann stellen Sie doch Ihr eigenes Aromawasser her. Einfach eine Handvoll Beeren (etwa Blau- oder Himbeeren) pürieren und in einen großen Krug geben. Mit Wasser auffüllen und fertig. Statt der Beeren oder zusätzlich können auch fein pürierte Minze- ooder Melissenblättchen mit in den Krug.

# Kapitel 4

# Ferien, wir kommen!

## DIE URLAUBSZEIT IM MORGENKREIS

Ferien sind toll – zumindest, wenn man selbst welche hat. Aber auch wer zu Hause bleibt und/oder arbeiten muss, kann verreisen: In Gedanken zumindest steht allen die Welt offen. Auf den Ponyhof oder ans Meer entführen Sie diese Spiele und Ideen für den Ferienmorgenkreis, die auch in kleinen Kindergruppen (etwa in der Ferien- oder Notbetreuung) Spaß machen.

# Das kleine Pony freut sich auf Besuch

## EINE URLAUBSGESCHICHTE MIT GESCHICHTENSÄCKCHEN

**Alter** ab 24 Monaten

**Material** 1 Säckchen, kleine Spielzeugfigur von einem kleinen Pony, kleine Spielzeugfigur von einem Kind/ „Männchen", kleine Spielzeugfigur von einem Fuchs, kleine Spielzeugfigur von einem Vogel

**Eine kleine Urlaubsgeschichte wartet hier auf neugierige Ponyfreunde. Selbst nacherzählen ist ganz einfach: Mit Geschichtensäckchen, die Sie immer wieder nach Ideen der Kinder neu bestücken können, verwandeln Sie die Geschichte immer wieder neu.**

Es war einmal ein kleines Pony.
*das Pony aus dem Säckchen holen und zeigen*

„Ach, ich bin so einsam!", sagte das kleine Pony. „Wie schön wäre es, wenn mich jemand besuchen käme!"
*das Pony zeigen*

Eines Tages setzte sich ein Vogel auf den Rücken des Ponys.
*den Vogel zeigen*

Das Pony freute sich sehr, aber bald flog der Vogel wieder weiter und das Pony war wieder alleine.
*den Vogel wieder wegnehmen*

Eines Abends, als es schon dunkel wurde, ließ sich ein Fuchs beim Pony nieder.
*den Fuchs zeigen*

„Bald", sagte der Fuchs, „kommt dich bestimmt ein Kind besuchen. Das kann dann auf dir reiten."
*Fuchs zeigen*

Und genauso geschah es: In den Ferien kam ein Kind (Mädchen/Junge, je nach Wunsch der Kinder), um das Pony zu besuchen.
*das Kind zeigen*

Und die beiden wurden gute Freunde.
*Kind und Pony zeigen oder Kind auf das Pony setzen*

## Geheimnisvolle Muschel

### EIN RATESPIEL VOM MEERESSTRAND

**Alter** ab 24 Monaten
**Material** drei hohe Muschelschalen, eine Bastelperle

**Muscheln haben manche Kinder vielleicht schon einmal selbst am Strand gefunden. Muscheln sind ein tolles Spielmaterial. In diesem kleinen Ratespiel können Sie die Kinder darauf neugierig machen.**

Legen Sie die Muschelschalen mit der Öffnung nach unten auf den Tisch. Unter einer Schale verstecken Sie die Perle. Die Kinder raten, unter welcher Muschel die Perle steckt. Nun vertauschen Sie die Muscheln durch Umherschieben auf dem Tisch. Wissen die Kinder immer noch, unter welcher Muschel die Perle ist? Können sie darauf zeigen? In der nächsten Runde vertauschen/schieben Sie die Muscheln noch schneller und erhöhen so den Spannungsgrad.

**TIPP** Bieten Sie den Kindern auch ganz unterschiedliche Muscheln in einer Schale an. Die Kinder können sie nach eigenen Eindrücken sortieren.

# Rieselkörnchen

## EIN FÜHLSPIEL MIT SAND UND MUSIK

**Alter** ab 18 Monaten

**Bei diesem Sandkastenlied können die Kinder wunderbar erspüren, wie sanft und kitzelig der Sand durch ihre Finger rieselt. Auch am Sandtisch passt das Liedchen. Singen Sie einfach zur Melodie von „Ringelreihenrosen" oder „Backe, backe Kuchen".**

Riesel-riesel-körnchen,
Eimer, Sand und Förmchen.

Rieselst gern auf meine Hand,
bist ein zarter, feiner Sand.
Rieselst gern durch meine Finger,
das kitzelt mich und freut mich immer.
Ich grabe deine Hände ein,
soll'n mit Sand bedeckt nun sein.

Riesel-riesel-körnchen,
Eimer, Sand und Förmchen.

# Die kleine Möwe ruht mal aus

## EIN RUHEGEDICHT ZUM SOFORTMITMACHEN

**Alter** ab 12 Monaten

**Material** Decken und Kissen

**Aus der Bewegung in die Ruhe kommen und einen kleinen Rückzugsort zum Kuscheln und Träumen kennenlernen: Das gefällt den Kindern sicher gut. Bei diesem kleinen Ruhegedicht schlüpfen sie in die Rolle einer kleinen Möwe.**

Die Kinder begleiten das Gedicht mit selbst ausgedachten Bewegungen und Aktionen. Dazu können Sie zunächst alle Kissen und Decken in der Raummitte zu einem gemütlichen Möwennest oder Ruheort auftürmen. Als Möwe „fliegen" die Kinder dann durch den Raum und kommen später auf dem Kissenberg zusammen, um sich hier einzukuscheln und auszuruhen.

Die kleine Möwe fliegt und fliegt
übers Meer, übers Land,
übern Sand.

Sie fängt sich Fische, Krabben und Muscheln,
Essensreste auch
für den Möwenbauch.

Sie singt und krächzt und jubelt und schreit,
im wilden Wind,
das Möwenkind.

Doch wird sie müde und sucht sich ein Plätzchen,
zum Ruhen und Kuscheln,
zum Träumen und Wuscheln.

Da hockt sie und sonnt sich, wie gut das tut!
Am Meer, am Strand,
im warmen Sand.

# Das kleine Boot

## EIN KNIEREITER FÜR KLEINE MATROSEN

**Alter** ab 10 Monaten

**Bei diesem Kniereiter geht es ab auf hohe See. Halten Sie das Kind dabei gut fest, denn am Ende kentert das Boot!**

Steig ein ins Boot,
*das Kind auf den Schoß nehmen*
los geht es jetzt,
drum, kleiner Schatz,
halt dich gut fest.

Über kleine Wellen,
*das Kind sanft auf den Knien reiten lassen*
über grooooße Wogen,
*die Knie stärker bewegen*
mal nach links,
*Kind festhalten und nach links neigen*
mal nach rechts,
*Kind festhalten und nach rechts neigen*
an Fischen vorbei,
da ist auch ein Hai!

Oh Schreck, oh je,
im Boot ist ein Loch,
schon gehen wir unter,
*das Kind durch die geöffneten Knie rutschen lassen*
wir winken noch.
Gluck, gluck, gluck!

# Kapitel 5

# So viele gute Sachen

## DIE ERNTEZEIT IM MORGENKREIS

Kürbisse, Äpfel, Kartoffeln und Nüsse sind die Hauptdarsteller auf den nächsten Seiten. Kurz nach dem Sommer ist nämlich die Zeit gekommen, in der wir uns traditionell für all die guten Nahrungsmittel auf unserem Tisch oder in unseren Kühlschränken bedanken. Die Kinder können in dieser Zeit Obst- und Gemüsesorten kennen- und schmecken lernen, sofern es ihr Alter erlaubt. Nüsse sollten Ihre Krippenkinder nur in fein gemahlener Form und im Teig kosten – und auch dann frühestens ab dem Beikostalter.

# Welche Nuss ist das?

## EIN FÜHLSPIEL FÜR DIE ÄLTEREN KRIPPENKINDER

**Alter** ab 2,5 Jahren

**Material** 2 Rosskastanien, 2 Eicheln, 2 Haselnüsse mit Schale, 2 Walnüsse mit Schale, nach Wunsch und Möglichkeit: 2 Maronen (Esskastanien), weitere Nüsse, 1 Säckchen

**Im Frühsommer und Herbst schüttet die Natur ihre guten Gaben aus: Haselnüsse können Sie jetzt an jedem Wald- oder Heckenrand finden, sogar in der Stadt. Walnüsse gibt es in Süddeutschland auch wild. Bei diesem Genau-hinfühl-Spiel lernen die Kinder verschiedene Nüsse und Baumfrüchte zu unterscheiden.**

Legen Sie zunächst alle Früchte gut sichtbar für die Kinder aus. Die Kinder können die Nüsse und Früchte in Ruhe befühlen. Achten Sie dabei darauf, dass die Kinder sie nicht in den Mund stecken, kauen, einatmen oder verschlucken! Gemeinsam können Sie jede Frucht/Nuss mit ihrem Namen benennen. Dann wandern alle Nüsse und Früchte ins Fühlsäckchen. Geben Sie das Fühlsäckchen im Kreis herum. Wer möchte eine Nuss oder Frucht nur durch Fühlen erraten?

**TIPP** Sie können den Schwierigkeitsgrad des Spiels variieren, indem Sie nur wenige (oder sehr viele) verschiedene Nüsse und Früchte ins Säckchen geben. Je nach Jahreszeit und Fundstück können die Kinder auch andere/weitere Früchte (Bucheckern ohne die Stachelschale, Hagebutten, ...) dazunehmen.

# Die Eichhörnchen freuen sich

## EIN KLANGGEDICHT AUS DEM HERBSTWALD

**Alter** ab 18 Monaten

**Material** Schachteln oder Dosen mit Deckeln, Kastanien oder Eicheln

**Wenn Nüsse und Kastanien von den Bäumen fallen, freuen sich Ihre Kinder? Die Eichhörnchen auch, denn jetzt finden sie richtig viel leckeres Futter. Das stellen die Kinder in diesem kleinen Klanggedicht mit selbst gemachten Nuss- oder Kastanienrasseln nach.**

Als Erstes suchen sich die Kinder eine Schachtel oder Dose aus. Toll ist es, wenn Ihre Behältnisse sich gut verschließen lassen, etwa ausrangierte Cappuccino-Dosen oder Kunststoff-Vorratsdosen mit Deckeln. Hinein geben Sie ein Material (etwa selbst gefundene Kastanien oder Eicheln) ihrer Wahl. Schon sind die Rasseln fertig, die Sie jetzt zum Einsatz bringen können.

Klopfklopf, da fallen ja Nüsse vom Baum,
die Eichhörnchen freuen sich, glauben es kaum.
*kurz rasseln, dann Stille*

Tocktock, da plumpsen Kastanien herunter,
die Eichhörnchen freuen sich, fröhlich und munter.
*wie oben*

Fluppflupp, da rieselt es Eicheln in Massen,
die Eichhörnchen? Können ihr Glück kaum fassen.
*wie oben*

Drum feiern die Eichhörnchen heute ein Fest,
bei dem es sich schlemmen und futtern lässt.
*lange und laut rasseln*

# Fünf kleine Äpfel

## EIN FINGERSPIEL FÜR DIE APFELZEIT

**Alter** ab 24 Monaten

**Dieses Fingerspiel macht in der Kita und auch zu Hause Spaß. Vielleicht können Sie es mit einem Ausflug auf eine Streuobstwiese oder auf den Wochenmarkt verbinden?**

Fünf Äpfel mit rotem Gesicht
hingen am Baum mit großem Gewicht.
*den Arm am Ellenbogen aufstützen und die Hand als Äpfel herabhängen lassen*

Sie schwangen hin, dann wieder her,
ein Wind kam auf – und dann noch mehr.
*stärker mit der Hand schwingen und darüberpusten*

Eins, zwei, drei, vier fallen herab,
auf den Boden: plopp, plopp, plapp, plapp.
*vier Finger einklappen, den kleinen Finger herabstehen lassen*

Der kleinste Apfel hängt noch fest.
Ob ihn der Wind bald fallen lässt?
*den kleinen Finger hin und her bewegen*

Da schüttelt sich der Baum und „zack"!
Da fällt der kleinste auch herab.
*kleinen Finger auch einklappen*

# Wer ist hier schon alles reif?

## EIN KLANGGEDICHT AUS DEM HERBSTGARTEN

**Alter** ab 24 Monaten

**Material** 1 Korb, einige Kartoffeln, einen Kürbis, einige Haselnüsse, einige Kastanien oder Maronen

**Für dieses Klanggedicht dürfen die Kinder einen Korb mit Gemüse und Nüssen ausräumen und die Nüsse und Gemüse untersuchen und benennen. Wie hört es sich an, wenn man sie über den Boden rollt? Dann können Sie gemeinsam das Klanggedicht starten. Halten Sie zur ersten Strophe immer das passende Gemüse oder die Nuss/Kastanie hoch.**

Sagt, was ist schon alles reif?
Die Kartoffeln, die Kartoffeln sind schon reif.
*mit den Fäusten auf den Boden trommeln*

Wir sammeln sie ein, wie lecker wird das.
Kartoffeln ernten: Das macht Spaß!
*mitklatschen*

Sagt, was ist schon alles reif?
Die Kürbisse, die Kürbisse sind schon reif.
*mit den Fersen auf den Boden trommeln*

Wir sammeln sie ein, wie lecker wird das.
Kürbisse ernten: Das macht Spaß!
*mitklatschen*

Die Nüsse sind reif …
*mit den Fingerknöcheln auf den Boden klopfen*

Die Kastanien sind reif ...
*mit den Fingerspitzen auf den Boden tippeln*

**TIPP** Denken Sie sich mit den Kindern noch mehr Herbstobst und -gemüse aus, das jetzt reif ist und mit ins Klanggedicht aufgenommen werden kann. Mit leicht verändertem Text können Sie das Gedicht auch singen, beispielsweise zur Melodie von „Horch, was kommt von draußen rein“, und „hollahi, hollaho!“ ergänzen.

# Apfelmuffins

## EINE KLEINE LECKEREI AM MORGEN

**Alter** ab 12 Monaten

**Material** (für ein Muffinblech, 12 Muffins)
100 g Dinkelmehl, 1 Teelöffel Backpulver,
1 Teelöffel Vanillezucker, 1 Messerspitze Ceylonzimt,
2 Esslöffel Reis- oder Hirseflocken, 2 Eier,
8 Esslöffel Rapsöl, 160 g Apfelmus, 4 Esslöffel Milch,
Speiseöl oder Butter / Margarine zum Ausfetten der Muffinmulden, etwas Speisestärke oder Paniermehl

**Diese kleinen Kuchen können die Kinder gut greifen und beim Essen selbst halten. Mit Apfelmus (selbst gemacht oder eingekauft) gelingen die Muffins ganz schnell. Überraschen Sie die Kinder im Morgenkreis oder zum Frühstück damit!**

Die Flocken in die Milch einrühren und etwa zehn Minuten quellen lassen. In der Zwischenzeit die restlichen trockenen Zutaten miteinander vermischen. Eier, Öl und Apfelmus dazugeben, zum Schluss die Flockenmasse dazurühren. Ein Muffinblech gut ausfetten und die Mulden mit Stärke oder Paniermehl bestreuen, damit sich die Muffins später gut aus den Mulden lösen lassen. Dann den Teig in die Muffinmulden verteilen. Bei 180 °C etwa 15 Minuten backen und danach gut auskühlen lassen.

**TIPP** Das Rezept können Sie auch variieren: Statt der Milch eignet sich, wenn keine Allergien bestehen, auch Mandel- oder Haselnussmilch oder einfach Wasser. Zimt und Vanille können Sie auch weglassen und statt der Reis- oder Hirseflocken können Sie auch zarte Haferflocken verwenden.

# „Wer holt mich raus?"

## EIN KARTOFFELERNTE-FINGERSPIEL

**Alter** ab 10 Monaten

**Wenn Kartoffeln sprechen könnten, würden sie vielleicht rufen wie in diesem Fingerspiel. Führen Sie es in der Interaktion mit einem einzelnen Kind aus, um Konzentration und Wahrnehmung zu schärfen, oder in der Gruppe zum Schmunzeln.**

Fünf Kartoffeln wollen raus
aus ihrem dunklem Erdenhaus.
*die Faust mit den eingezogenen Fingern hochhalten*

Die erste gräbt ein Mädchen aus,
nimmt sie gerne mit nach Haus.
*den Daumen ausklappen*

Die zweite buddelt ein Junge aus,
nimmt sie gerne mit nach Haus.
*Zeigefinger zusätzlich ausklappen*

Die dritte schnappt sich ein Maulwurf gewitzt,
schon hat er sie sich stibitzt.
*Mittelfinger dazunehmen*

Die vierte knabbert ein Häschen an,
dann kommt die fünfte Kartoffel dran.
*Ringfinger mit ausklappen*

Die ruft ganz laut: „Wer holt mich raus?"
Komm, schnapp sie dir – der Reim ist aus.
*mit dem kleinen Finger wackeln, das Kind darf ihn „schnappen" und zart daran ziehen. Alternativ dürfen die Kinder je nach feinmotorischen Fähigkeiten ihren eigenen kleinen Finger umfassen*

### Kartoffelernte

Wie im Fingerspiel, so reifen die Kartoffeln auch in der echten Natur unter der Erde heran. Dass sie reif sind, erkennen die Gärtner oder Landwirte daran, dass die oberirdischen Teile der Pflanze langsam welk werden.

# Kürbislaternchen

## EIN MITMACHLIED FÜR DIE KÜRBISZEIT

**Alter** ab 18 Monaten

**Dieses Lied können Sie ganz einfach zur Melodie von „Mein Hut, der hat drei Ecken" singen. Die Kinder begleiten das Lied mit den typischen Handbewegungen des Kürbisaushöhlens.**

Ich schnapp mir einen Kürbis
und schneide ab den Hut.
*das Schneiden pantomimisch nachmachen*

Dann grabe ich mit Löffeln,
denn das gefällt mir gut.
*mit einer Hand das Aushöhlen oder Graben nachstellen*

Ganz dünn wird dann die Schale
ich schneid noch Augen rein.
*auf die eigenen Augen zeigen*

Dann noch ein kleines Mündchen,
bald wird er fertig sein.
*auf den eigenen Mund zeigen*

Zu Schluss kommt noch die Nase,
auch die gehört dazu.
*auf die eigene Nase zeigen*

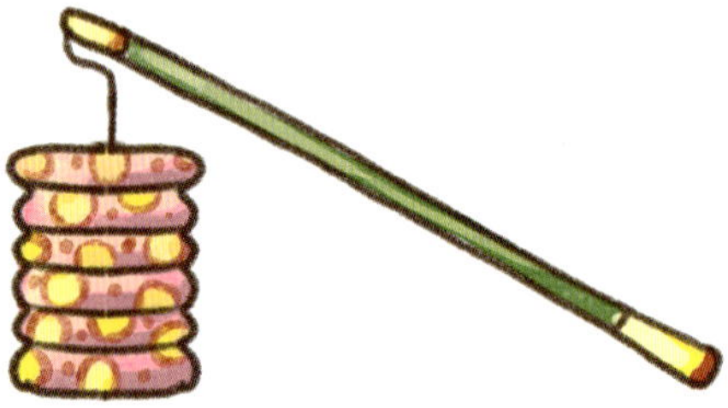

Jetzt ist der Kürbis fertig,
das ging ja wie im Nu.
*den Daumen hochhalten*

Dann stell ich rein ein Lichtchen,
und zünd' es an, wie schön!
*das Anknipsen nachmachen*

So kann mein kleiner Kürbis
ab jetzt am Fenster steh'n.
*in die Hände klatschen*

Kapitel 6

# Mit frischem Wind und fliegenden Blättern

## DER HERBST IM MORGENKREIS

Im Herbst wird es so kurz vor Beginn der kalten Jahreszeit noch einmal richtig bunt: Die Bäume ziehen jetzt ihr schicksstes Kleid an und Ahorne, Buchen und viele andere bekommen bunte Blätter. Wenn dann der Herbstwind durch die Zweige pustet, fallen die bunten Kostbarkeiten auf den Boden – und laden zum Aufsammeln, Gestalten und Spielen ein. Diese Herbsteindrücke können Sie mit den Kindern im Morgenkreis mit den Ideen auf den folgenden Seiten verarbeiten.

# Wer wohnt denn da im Laub?

## EIN MITMACHGEDICHT ZU DEN KLEINEN TIEREN IM HERBSTLAUB

**Alter** ab 24 Monaten

**Material** Bilder / Fotos von Igel, Schnecke, Weberknecht und Eichhörnchen, ein Tablett mit etwas Herbstlaub

**Die Laubschicht im Wald bietet vielen kleinen und ganz kleinen Tieren Nahrung und Unterschlupf. Einige davon können die Kinder mit diesem Rätsel- und Aufpassgedicht entdecken.**

Verteilen Sie die Bilder auf dem Tablett und legen Sie die Herbstblätter darauf. Ein Kind darf im Laub rascheln und ein Bild herausziehen. Dazu sprechen Sie: „Raschel, raschel, wer ist da?" Gucken Sie es gemeinsam an: Wer ist hier zu sehen? Dann können Sie die zweite Zeile sprechen. Die dritte und vierte Zeile erklärt, was das Tierchen hier gerade tut. Legen Sie das Bild zur Seite. Als Nächstes darf ein anderes Kind im Laub rascheln und ein Tier entdecken.

**Igel:**

Raschel, raschel, wer ist da?
Ein kleiner Igel? Guck mal da!
Er kuschelt sich in Blättern ein,
das soll sein kleines Bettchen sein.

**Schnecke:**

Raschel, raschel, wer ist da?
Ein kleines Schneckchen? Guck mal da!
Versteckt sich hier, der kleine Wicht,
denn so sieht sie der Igel nicht.

**Weberknecht:**

Raschel, raschel, wer ist da?
Ein Weberknechtchen? Guck mal da!
Hier jagt er Tierchen groß und klein,
die soll'n sein Abendessen sein.

**Eichhörnchen:**

Raschel, raschel, wer ist da?
Ein Eichhörnchen? Ja, guck mal da!
Es sucht nach Nüssen, Eicheln auch,
denn damit füllt es seinen Bauch.

# Kastanienjagd

## EIN AUFPASS- UND SCHNAPPSPIEL

**Alter** ab 12 Monaten

**Material** eine Kastanie

**Bei diesem Spiel sollten die Kinder etwa das gleiche Alter haben. Alternativ spielen Sie es einfach im Einzelkontakt mit nur einem Kind. Hier muss das Kind schnell zugreifen können – ein kleines Training für die Auge-Hand-Koordination und die Konzentration.**

Setzen Sie sich mit dem Kind oder den Kindern an den Tisch. Lassen Sie die Kastanie über die Tischplatte kullern. Dazu sprechen Sie den Reim. Bei „fing!“ darf das Kind/dürfen die Kinder versuchen, die kullernde Kastanie zu schnappen.

Eine Kastanie kullerte herum,
rumpeldipum und dumdideldum.

Eichhörnchen jagten das leckere Ding,
bis eines davon sie schließlich auch … fing!

### Rosskastanien

Ab September fallen Ihnen und den Kindern die runden bis ovalen glänzenden Baumfrüchte vor die Füße. Füllen Sie sie in einen Wäschekorb und ermöglichen Sie den älteren Krippenkindern ein Hand-, Fuß- oder sogar Ganzkörperbad darin. In der Natur dienen Rosskastanien Rehen, Hirschen und Eichhörnchen als Nahrung. Für Menschen sind Rosskastanien nicht genießbar, in der Pflanzenheilkunde und Homöopathie werden sie allerdings vielfach eingesetzt.

# Die Spinne und der Weberknecht

## EIN HERBSTLICHES FINGERSPIEL MIT VIELEN BEINEN

**Alter** ab 2,5 Jahren
**Material** Laubblätter

**Am Tisch oder im Sitzkreis macht dieses Krabbelfingerspiel Spaß. Die Kinder bekommen dazu ein kleines Häufchen Herbstblätter.**

Ein Weberknechtchen krabbelt hier
auf Blätterhaufen gleich vor dir.
*mit der linken Hand angekrabbelt kommen*

Ein Spinnchen kommt von rechts dazu:
„Ich hab so viele Beine wie du!"
*mit der rechten Hand zur linken Hand krabbeln*

Die Spinne zeigt ihr erstes Bein,
dem Weberknecht gefällt das fein.
*einen Finger der Spinnenhand hochhalten*

Ein zweites Beinchen zeigt die Spinn',
der Knecht hält ihr ein drittes hin.
*an beiden Händen noch einen weiteren Finger hochhalten*

Dann krabbeln sie gemütlich fort,
an einen Weberknecht- und Spinnenort.
*mit beiden Händen davonkrabbeln*

### Weberknechte und Spinnen

Beide Tierchen haben acht Beine, oder? Während Insekten in der Regel nur sechs Beine haben, schwingen Spinnentiere acht Beine. Weberknechte können allerdings bei Gefahr (etwa wenn sie von anderen Tieren angegriffen werden) ein Bein wegschleudern, um den Fressfeind zu verwirren. Dann können Sie am Körper der dünnen Tierchen eventuell nur sieben oder sechs Beine entdecken – und eventuell ein kürzeres Beinchen, das gerade noch nachwächst.

# Es regnet, es regnet

## EIN ALTES LIEDCHEN NEU ENTDECKEN

**Alter** ab 18 Monaten

**Kennen Sie dieses alte Lied aus dem 19. Jahrhundert? Es ist uns in verschiedenen Varianten überliefert und bis heute wird es gesungen, wenn es draußen einfach nicht aufhören will zu regnen. In dieser Version können es die Kinder im Sitzen auf dem Boden mit Bewegungen mitspielen.**

Es regnet, es regnet,
es regnet seinen Lauf.
Und wenn's genug geregnet hat,
dann hört's auch wieder auf.
*zur ersten Strophe mit den Fingern oder Fingerspitzen auf den Boden klopfen*

Es regnet, es prasselt,
es hört gar nicht mehr auf.
Und Pfützen stehen überall,
wir freuen uns darauf.
*zur zweiten Strophe mit den Händen auf den Boden klatschen*

Es regnet, es donnert,
es blitzt jetzt auch dazu.
Und wenn das Wetter weiterzieht,
dann ist auch wieder Ruh'.
*zur dritten Strophe zuerst mit Fäusten und Füßen auf den Boden trommeln, in der letzten Zeile immer leiser werden, bis schließlich Stille herrscht*

# Fünf Blättchen wehen vom Ast

## EIN STREICHELFINGERSPIEL IN DER HERBSTBLÄTTERZEIT

**Alter** ab 10 Monaten

**Mit einem Streichelfingerspiel können Sie auf angenehme Art für Nähe und Austausch sorgen. Nach Wunsch können Sie auch ein schönes Blättchen draußen aufsammeln und mit ins Spiel einbauen.**

Fünf kleine Blättchen wehen vom Ast,
*die Hand mit den fünf ausgestreckten Fingern hochhalten*

so schnell, dass du es kaum gesehen hast.
*mit der Hand durch die Luft wedeln*

Das erste fliegt auf einen Hut,
*wieder die Hand mit den fünf Fingern hochhalten,*
*dann den Daumen einklappen*

das zweite setzt sich auf einen Igel mit Mut,
*den Zeigefinger zusätzlich einklappen*

das dritte landet auf deiner Nase,
*mit dem Mittelfinger auf die Nase des Kindes tippen,*
*dann den Finger ebenfalls mit einklappen*

das vierte? Das schnappt sich ein kleiner Hase.
*den Ringfinger mit einklappen*

Das fünfte streichelt dich zart am Bein,
*das Kind mit dem kleinen Finger zart am Bein streicheln*

möchte am liebsten bei dir sein.
*weiterstreicheln*

# Was fliegt im Herbsthimmel?

## EIN MITMACHGEDICHT ZUM AUFPASSEN

**Alter** ab 24 Monaten

**Im Herbst ist am Himmel einiges los: Drachen wehen in der Luft, Hüte werden weggepustet und auch Mützen, Tischdecken und Regenschirme sollte man gut festhalten. Andere Dinge sind zu schwer und bleiben, wo sie sind. In diesem Aufpass- und Mitspielgedicht empfinden die Kinder das stürmische Treiben nach.**

Lesen Sie den Kindern die Zeilen des Windgedichtes langsam vor. Immer, wenn ein Gegenstand in die Luft geweht wird, reißen alle die Arme hoch. Bleibt er am Boden, trommeln die Kinder mit den Fäusten auf den Boden.

Wusch, weht der Wind
und pustet geschwind
Blätter und Laub in der Luft herum,
*die Arme hochreißen*
auch Zweige und Hüte sausen herum.
*die Arme hochreißen*
Vögel und Bienen treiben im Wind,
*die Arme hochreißen*
doch Menschen und Autos:
bleiben, wo sie sind.
*mit den Fäusten auf den Boden trommeln*

Mützen wehen vom Kopf herunter,
*Arme hoch*
Schmetterlinge drehen sich im Himmel
so munter.
*Arme hoch*
Papierchen und Hummeln wehen davon,
*Arme hoch*
Flugzeuge und Drachen fliegen schon.
*Arme hoch*
Tischdecken werden von Tischen geweht,
*Arme hoch*
Bänke und Stühle: Die bleiben steh'n.
*mit den Fäusten auf den Boden trommeln*
Fahnen und Wimpel flattern im Sturm,
*Arme hoch*
doch bleiben stehen: Gebäude und Turm.
*mit den Fäusten auf den Boden trommeln*

**TIPP** Ältere Krippenkinder können dieses Spiel ähnlich wie „Alle Vögel fliegen hoch" spielen. Dabei müssen sie selbst aufpassen, wann sie die Arme hochnehmen und wann nicht. Für die jüngeren Kinder können Sie die Bewegung vormachen. Probieren Sie gemeinsam bei Wind doch auch selbst aus, was weggeweht wird und was nicht.

# Wie die Bäume im Wind

## EINE MITMACH- UND BEWEGUNGSGESCHICHTE ZUM BIEGEN UND BEUGEN

**Alter** ab 24 Monaten

Jedes Jahr wüten Stürme durch unsere Wälder, die meisten davon im Spätherbst und Winter. Die Bäume wiegen oder beugen sich dann im Wind. Das stellen die Kinder in dieser Mitmachgeschichte nach.

Heute rast ein großer Sturm durch den Wald.
*pusten und „Wuuuuuh!" rufen*

Er zauselt und wuselt die Blättchen an den Bäumen durcheinander.
*die Arme hochhalten und die Finger bewegen*

Da wird der Sturm stärker, auch die Zweige bewegen sich jetzt.
*die Arme bewegen*

Und dann wird der Sturm noch stärker, sodass sich die Bäume zur Seite biegen.
*den ganzen Körper nach links und nach rechts biegen und beugen*

Und jetzt ist der Sturm so stark, dass sich die Bäume kaum noch halten können.
*sich ganz weit nach vorn, wenn möglich bis zum Boden beugen*

Doch dann zieht der Sturm wieder weiter, wird schwächer und die Bäume wiegen sich nur noch ganz sanft im Wind. Gut, dass wir das überstanden haben.
*den Körper vor und zurück wiegen*

# Kapitel 7

# Mit Licht und Freude

## DIE LICHTERZEIT IM MORGENKREIS

Die dunkelste Zeit im Jahr zwischen Oktober und Dezember erhellen wir traditionell durch Laternen, Kürbislichter, Kerzen und Lichterketten. Diesen Lichtchen sind die Ideen in diesem Kapitel gewidmet, denn sie öffnen unsere Herzen und sorgen für Heiterkeit, wenn es draußen kalt und dunkel ist. Falls Sie in der Krippe Sankt Martin feiern, umso besser: Auf den folgenden Seiten dreht sich alles um Laternen, Lichtchen und Kerzen.

# Kleine Laterne

## EIN ZAUBERSPRUCH FÜR DIE MARTINSZEIT

**Alter** ab 12 Monaten
**Material** 1 LED-Lichtchen, Tisch

**Bei diesem Fingerspiel bringen Sie Kinderaugen und ein LED-Lichtchen zum Leuchten. Eine Idee für zwischendurch, etwa um den Kindern Wartezeiten zu verkürzen.**

Kleine Laterne, wo ist denn dein Licht?
Ich stehe im Dunkeln und sehe es nicht.
*das Lichtchen anstellen, auf den Tisch stellen*
*und mit beiden Händen verdecken*

Abrakadabra und Simsalabim,
jetzt gucke ich gleich noch mal zu dir hin.
*die Hände vorsichtig anheben*

Da ist es, das Lichtchen, wie wunderschön,
jetzt können wir mit den Laternen geh'n.
*Hände wegnehmen, nach Wunsch darf ein/das Kind*
*das Lichtchen eine Runde durch den Raum tragen*

# Wichtelpunsch

## EIN HAUSGEMACHTER KRIPPENPUNSCH

**Alter** ab 24 Monaten

**Material** 1 l Früchtetee, frisch gebrüht, 1 l Apfelsaft, ½ l Holunderbeersaft, ausgepresster Saft von 2 Orangen, Saft und Schale einer Bio-Zitrone, 3 Stangen Zimt, 2 Gewürznelken, 2 Sternanis, 1 Teefilter

**Ein warmes, süßes Getränk, wenn es draußen so richtig ungemütlich ist? Wie wäre es mit einem kleinen Entspannungsritual zu diesem leckeren Wichtelpunsch?**

Den Früchtetee mit dem Apfel- und dem Holunderbeersaft in einen Topf geben. Den Orangensaft dazugießen. Die Zitrone heiß abwaschen, die äußerste Schicht der Schale dünn abschälen und beiseitelegen. Dann die restliche Schale (das Weiße) abschälen. Das Fruchtfleisch von Kernen befreien und in Stückchen schneiden und beiseitestellen. In den Teefilter die Gewürze (Zimtstangen, Gewürznelken, Sternanis) und die Zitronenschale geben und den Teefilter in den Topf hängen. Die Mischung im Topf erwärmen, aber nicht kochen lassen. Vor dem Servieren den Teefilter herausnehmen. Die Becher mit den Zitronenstückchen garnieren.

**TIPP** Machen Sie ein kleines Wichtelpunschritual: Die Kinder können fantasieren, was sich in einem „echten" Wichtelpunsch wohl so alles befindet. Oder Sie stoßen mit halb gefüllten Bechern vorsichtig miteinander an. Erfinden Sie Toasts und Trinksprüche. Sie müssen gar nicht lang sein. Die Kinder können dabei Wörter wie „Prost!" oder „Auf die Gesundheit!" kennenlernen oder selbst überlegen, worauf sie anstoßen möchten.

# Wenn Laternen brennen

## ZWEI FINGERSPIELE FÜR DIE MARTINSZEIT

**Alter** ab 18 Monaten

**Manchmal ist es für jüngere Krippenkinder noch sehr schwer, einen Finger nach dem anderen abzuspreizen. Darum gibt es hier ein Fingerspiel für die älteren Krippenkinder und eine Kurzform für die jüngeren.**

Schau nur, wie schön wir leuchten bei Nacht,
*die Faust hochhalten*

die erste Laterne hat ihr Licht angemacht.
*den Daumen ausklappen*

Die zweite folgt,
*Zeigefinger dazu ausklappen*

die dritte auch,
*Mittelfinger dazunehmen*

die vierte hat ebenfalls Licht im Bauch.
*Ringfinger dazunehmen*

Die fünfte Laterne geht jetzt an,
*kleinen Finger zuletzt ausklappen*

jetzt leuchten sie alle, freut euch daran!
*beide Hände hochnehmen und die Finger auf- und zuklappen*

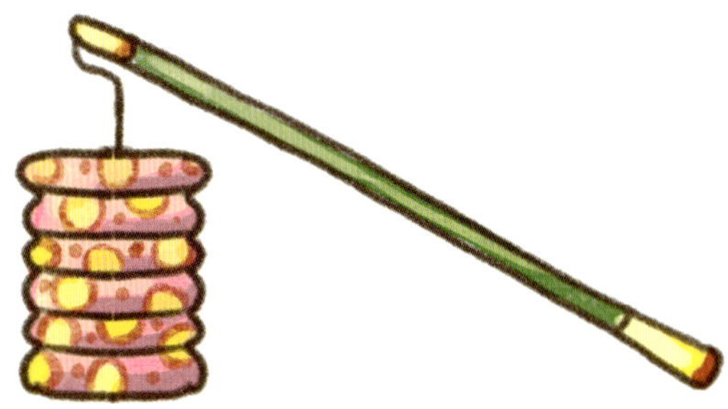

## KURZFORM

**Alter** ab 10 Monaten

Dunkel ist's draußen,
kalt noch dazu,
überall dunkel, überall Ruh.
*flüstern, die beiden Fäuste hochhalten*

Dann mache ich meine Laterne an,
*Finger ausklappen*

ein Lichtchen tanzt jetzt
und ich freu mich daran.
*Finger auf und zu klappen, um das Lichtflackern nachzustellen*

# Die Sterne gehen auf

## EIN KLANGGEDICHT FÜR DIE LICHTERZEIT

**Alter** ab 24 Monaten

**Material** Sterne: Glöckchen und/oder Schellen, Sonne: Triangel, Mond: Klangschale oder Gong

**Dieses Klanggedicht für die älteren Krippenkinder eignet sich auch für eine Vorführung auf einem Martins- oder Lichterfest. Falls Ihre Kinder schon einige Klanginstrumente kennen, können sie selbst auswählen, welche Klanginstrumente sie hier zum Einsatz bringen möchten. Die Ideen hier sind nur als Inspiration gedacht.**

Die Sonne geht unter,
*Triangel anschlagen*

noch schlafen die Sterne.
*flüstern, Stille*

Der Mond hält Wacht, erleuchtet die Nacht.
*Gong oder Klangschale anschlagen*

Doch dann, in der Ferne,
kommt einer der Sterne.
*ein Glöckchen klingelt*

Funkelt so hell,
ein zweiter folgt schnell.
*zwei Glöckchen klingeln gemeinsam*

Dann kommen sie alle mit Licht und Scheinen,
erst kommen die großen,
*noch mehr Glöckchen*

dann kommen die kleinen.
*alle Glöckchen klingeln*

Jetzt leuchten sie hell in die Nacht hinein
mit ihrem Sternenschimmerschein.
*alle Glöckchen klingeln*

Doch dann wird es heller,
der Morgen beginnt,
die Sterne geh'n schlafen:
die großen geschwind.
Die kleinen ganz langsam,
dann schlafen sie ein,
*nacheinander verklingen die Glöckchen,*
*bis Stille herrscht*

die Sonne geht auf mit strahlendem Schein.
*Triangel*

**TIPP** Ältere Krippen- oder Kita-Kinder können sich auch aufteilen in „große Sterne" und beispielsweise tief klingende Instrumente aussuchen, die „kleinen Sterne" können heller klingen.

# Meine Laterne brennt

## EINE ENTSPANNUNGSGESCHICHTE MIT LICHT UND KLANG

**Alter** ab 12 Monaten

**Material** Klangschale, schöne Lichtquelle, etwa Laterne oder Tischlichtchen mit LED, am besten in Mondform oder gelb, Kuschelecke oder Matratzen und Decken

**Mit Licht und Klang begleiten Sie in dieser kurzen Entspannungsgeschichte die Kleinen in die Ruhe.**

Bevor Sie beginnen, können sich die Kinder gemütlich hinkuscheln. Sprechen Sie mit leiser Stimme und machen Sie genügend Pausen.

Heute ist ein toller Abend.
*Klangschale anschlagen*

Es wird dunkel, aber gleich zünden wir unsere neue Laterne an.
Wie die wohl aussieht?
*Pause*

Sie sieht aus wie ein großer, freundlicher, dicker Mond.
*Klangschale*

Die Mondlaterne darf heute mit auf den Laternenumzug.
Du knipst das Lichtchen drin in der Laterne an.
*Licht anmachen*

Ach, sieht das schön aus!
*Pause*

Alle freuen sich an dem warmen, schönen Licht.
*Pause*

Das Licht dringt ein und wärmt uns. Ach, tut das gut!
*Klangschale anschlagen und dem Ton nachlauschen, bis er verklingt*

# Kapitel 8

# Wer spukt denn da?

## HALLOWEEN IM MORGENKREIS

Halloween ist nur etwas für die großen Kinder? Von wegen! Wenn Sie darauf achten, diese besondere Zeit im Jahr nicht gruselig, sondern lustig zu gestalten, können auch schon die Jüngsten den Spaß mitmachen. Auf den nächsten Seiten kommt ein kleiner Uhu zu Besuch und auch lustige kleine Gespenster bitten zum Tanz. Zum Schluss wartet noch ein kürbisstarkes Rezept zur Stärkung auf kleine Gruselfans.

# Da tanzt ein kleiner Kichergeist

## EIN TANZSPIEL FÜR GESPENSTERFREUNDE

**Alter** ab 24 Monaten

**Auch die Krippenkinder können schon einfache Tanzlieder mittanzen. Hier tanzt ein kleines Gespenst in der Kreismitte und fordert zum Mitmachen auf. Singen Sie einfach zur altbekannten Melodie vom Bi-Ba-Butzemann.**

Wissen die Kinder, was kichern ist? Machen Sie es einmal vor. Wann kichert man? Wissen das die Kinder? Dieser kleine Geist ist ein Kichergeist. Er kichert, weil er immer lustig ist.

Da tanzt ein kleiner Kichergeist
im Gruselschloss herum, widibum.
*ein Kind tanzt als kleiner Kichergeist in der Kreismitte*

Da tanzt ein kleiner Kichergeist
und bittet euch zum Tanz.
*der Kichergeist macht eine auffordernde Bewegung*

Drum tanzt schnell mit und stampft dazu,
mit den Beinen immerzu.
Jetzt tanzen viele Geisterchen
und geben keine Ruh'.
*jetzt tanzen alle Kinder stampfend im Kreis*

Da tanzen viele Geisterchen
und geben keine Ruh', widibu.
Da tanzen viele Geisterchen
und stampfen wild dazu.
*Kinder tanzen*

Da schlägt die Turmuhr, ach du Schreck,
die Geister müssen ganz schnell weg.
Sie huschen weg und kuscheln sich
ganz schnell in ihr Versteck.
*die Kinder legen sich auf den Boden und tun so, als ob sie schlafen*

# Fünf kleine Fledermäuse

## EIN GESUNGENES MITMACHSPIEL

**Alter** ab 12 Monaten

**Dieses Spiel können die Kinder im Stehen oder Laufen auf der Stelle oder im Sitzen (je nach Alter) durchführen. Sie singen es einfach zur Melodie von „Zehn kleine Zappelmänner".**

Fünf kleine Fledermäuse
flogen nachts im Wald,
eine flog zurück nach Haus,
ihr wurde es zu kalt.
*alle Kinder machen Flatterbewegungen,*
*am Ende der Strophe hört ein Kind damit auf*
*und legt sich auf den Boden*

Vier kleine Fledermäuse
flatterten im Wind,
eine wurde weggeweht
und flog nach Haus geschwind.
*die restlichen Kinder machen Flatterbewegungen,*
*wieder hört ein Kind auf*

Drei kleine Fledermäuse
sausten durch die Nacht,
eine hat 'nen Witz gemacht
und sich kaputtgelacht.
*wie oben*

Zwei kleine Fledermäuse
zischten übers Feld,
eine hat dort haltgemacht,
weil es ihr gefällt.
*wie oben*

Eine kleine Fledermaus,
die blickte sich mal um,
wo sind bloß die andern hin,
ich drehe wieder um.
*das verbliebene Kind legt sich hin*

**TIPP** Passen Sie das Lied auf die Anzahl der mitspielenden Kinder an: Spielen nur vier Kinder mit, singen Sie erst ab der Strophe, in der nur noch vier Fledermäuse übrig sind. Singen und spielen Sie mit mehr als fünf Kindern, hören pro Strophe ein oder mehr Kinder auf.

# Der kleine Uhu

## EIN KNIEREITER FÜR FREUNDE DER NACHT

**Alter** ab 10 Monaten
**Material** Computer oder Tablet-PC mit Internetzugang

**Uhus gehören zu den Eulenvögeln. Und wie Eulen werden sie erst in der Abenddämmerung aktiv. Hier begleiten die Kinder per Kniereiter einen Uhu auf seinem Flug. Wissen die Kinder, wie ein Uhu ruft? Schauen Sie sich gemeinsam im Internet ein Video über einen Uhu an und hören Sie dort auch, wie er ruft: Der Name ist Programm!**

Der kleine Uhu holt tief Luft,
*Kind auf den Schoß nehmen*

denn jetzt geht es gleich los.
*Kind gut festhalten*

Er flattert mit den Flügelchen,
*Kind flattert mit den Armen (eventuell können Sie es bei dieser Bewegung unterstützen)*

dann fliegt er: wie famos!
*gemeinsam flattern*

Er fliegt nach rechts,
*ganz nach rechts lehnen*

und dann nach links,
*ganz nach links lehnen*

und dann zurück
*ganz weit zurücklehnen*

und jetzt zum Glück
fliegt er auf einen Baum,
*flattern*

da sieht man ihn ja kaum!
*dem Kind kurz die Augen zuhalten*

# Gespenster fliegen

## EINE BEWEGUNGSGESCHICHTE MIT KÖRPERGEFÜHL

**Alter** ab 24 Monaten

**Material** für jedes Kind ein Chiffontuch, nach Wunsch: CD-Spieler mit Lieblingsmusik der Kinder

**Wie fühlt es sich wohl an, wie ein Gespenst zu fliegen? Mit Chiffontüchern und viel Bewegung können Ihre Kleinen das ausprobieren. In dieser Bewegungsgeschichte flattern, fliegen und heulen sie um die Wette.**

Im Stehkreis können Sie mit den Kindern diese lustige Gespenstergeschichte direkt durchführen.

Heute gehen die Gespenster zum Tanz. Dazu haben sie ihre besten weißen Kleider angezogen.
*die Kinder schwenken ihre Tücher*

Die Gespenster freuen sich schon sehr. Vor Freude hüpfen sie auf und ab.
*auf der Stelle hüpfen*

Dann geht es endlich los: Lustige Gespenstermusik erklingt.
*den CD-Spieler anstellen*

Die kleinen Gespenster bewegen sich zur Musik.
*Kinder mit den Tüchern tanzen lassen, dabei können die Kinder auch selbst ausprobieren, wie sie ihre Tücher nutzen möchten*

Jetzt bilden die Gespenster eine ganz lange Polonaise.
*Kinder stellen sich hintereinander auf*

Und nun fliegen sie durch die Nacht, huiiii!
*die Kinder laufen kreuz und quer mit ihren Tüchern zur Musik durch den Raum*

Aber bald verklingt die Gespenstermusik.
*CD-Spieler leiser-, dann ausstellen*

Die Gespenster kommen angeflogen.
*die Kinder sammeln sich um sie*

Jetzt kuscheln sich die Gespenster zusammen und schlummern bis zur nächsten Mitternacht.
*Kinder kauern und kuscheln sich auf dem Boden zusammen*

# Gespenstersnack

## SÜSSE BRÖTCHEN MIT KÜRBISMARK

**Alter** ab 24 Monaten

**Material** 500 g Hokkaido-Kürbis (ohne Kerne und Fasern), 1 kg fein ausgemahlenes Dinkelmehl, 150 g Zucker, 85 g Butter oder Margarine, 1 Würfel frische Hefe, 1 Prise Salz, 1 Ei

**Gespenster würden diese Brötchen lieben, denn sie haben (vielleicht) die Form von kleinen Gespenstern und in den Teig kommt Kürbisfleisch. Beim Kneten können die Kinder schon mit ans Werk gehen.**

Das Kürbisfleisch würfeln und mit wenig Wasser in einem Topf etwa 15 Minuten lang weichkochen, danach abkühlen lassen, bis es nur noch handwarm ist, und mit einem Kartoffelstampfer zerdrücken. Den Zucker unterrühren, dann die Hefe hineinbröckeln und die Hälfte des Mehls dazugeben. Alles zu einem noch flüssigen Vorteig verrühren und diesen Teig für etwa eine halbe Stunde gehen lassen. Dann das restliche Mehl, das Ei, Salz und die weiche Butter oder Margarine unterkneten und noch einmal 20 bis 30 Minuten aufgehen lassen. Teilen Sie den Teig in etwa 10 bis 15 kleine Portionen auf. Jedes Kind kann seine Teigportion nun kneten und zu einem runden oder länglichen Brötchen formen. Die älteren Kinder können ihre Brötchen auch in Gespensterform kneten. Die Brötchen auf mit Backpapier belegte Bleche legen und noch einmal etwa zehn Minuten aufgehen lassen. Vor dem Backen können die Kinder ihre Brötchen nach Wunsch längs oder kreuzweise einschneiden. Bei 170 °C Umluft etwa 20 bis 25 Minuten goldbraun backen.

**TIPP** Wenn Sie keine Umluftfunktion haben, backen Sie bei 190 °C mit Ober- und Unterhitze und stellen eine kleine Auflaufform mit etwas Wasser mit aufs Blech oder unten in den Ofen.

# Kapitel 9

# Lasst uns froh & munter sein

## DIE ADVENTSZEIT IM MORGENKREIS

Vorfreude, leckerer Plätzchenduft und Gemütlichkeit: Die Vorweihnachts- und Weihnachtszeit ist jedes Jahr aufs Neue etwas ganz Besonderes. Die Kleinsten dürfen das schon miterleben, etwa beim Warten auf den Nikolaus, beim Plätzchenknabbern oder wenn Weihnachten kurz vor der Tür steht. Im Morgenkreis können Sie die Gedanken und die Freude der Kinder aufgreifen: mit Singspielen, Nikolausreimen und vielem mehr.

# Horcht, wo ist der Nikolaus?

## EIN HINHÖRSPIEL FÜR SPITZOHREN

**Alter** ab 24 Monaten

**Material** 1 Glöckchen

**Wo klingelt der Nikolaus oder der Weihnachtsmann? Bei diesem Spiel trainieren Ihre Kleinen ihre auditive Wahrnehmung, hier vor allem das Richtungshören.**

Zum Auftakt können die Kinder mit Ihnen ein Nikolaus- oder Weihnachtsmannlied singen, etwa „Lasst uns froh und munter sein“ oder „Morgen, Kinder, wird's was geben“. Dabei versteckt sich eine Kollegin oder ein älteres Kind im Raum. Am Ende des Liedes klingelt die versteckte Person mit dem Glöckchen. Ob die Kinder in die Richtung zeigen können, aus der der Glöckchenklang kommt? Wer möchte sich in der nächsten Sing- und Spielrunde verstecken?

# Nikolaus im Morgenkreis

## EIN SINGSPIEL ODER MINI-RITUAL FÜR DIE NIKOLAUSZEIT

**Alter** ab 24 Monaten

**Material** Plätzchen oder Kekse oder andere kleine Geschenke oder Überraschungen für die Kinder, ein Papierteller oder eine kleine Schale pro Kind

**Damit die Zeit bis zum Nikolausbesuch nicht so lang wird, bekommen die Kinder in diesem kleinen Singspiel eine winzige Kostprobe als Vorgeschmack.**

Die Kinder nehmen in einem Sitzkreis auf Stühlen oder auf dem Boden Platz und stellen einen Teller oder eine Schale vor sich. Ob der Nikolaus wohl etwas drauflegt? Zur Melodie von „Schmetterling, du kleines Ding" singen Sie das Nikolauslied. Dazu geht nun ein Kind oder gehen Sie selbst im Innenkreis herum, immer an den aufgestellten Tellern vorbei:

Komm doch, lieber Nikolaus,
zu Besuch in unser Haus.
Wir stellen unsre Teller auf,
du legst ganz bestimmt was drauf.
Vielen, vielen Dank!

Beim Singen drehen die Kinder sich auf ihrem Platz um, mit dem Blick nach außen, oder sie halten sich die Augen zu. Sie oder das Kind im Kreis legen nun auf einen der Teller (oder nach Wunsch auf alle Teller) eine kleine Überraschung (kleines Geschenk, Keks). Bei „drauf" dürfen alle Kinder wieder hinschauen und nachgucken, was der Nikolaus dagelassen hat. Gemeinsam können nun alle „Vielen, vielen Dank!" rufen.

**TIPP** Spielen Sie das Liedchen als Ritual an jedem Morgen im Morgenkreis. Es kann immer ein anderes Kind eine kleine Überraschung bekommen. Dann ist es wichtig, dass jedes Kind beschenkt und niemand vergessen wird.

# Fünf Geschenke liegen im Sack

## EIN FINGERSPIEL FÜR DIE WEIHNACHTSZEIT

**Alter** ab 18 Monaten

**Material** Kugelschreiber oder Filzstift

**Für dieses Fingerspiel können Sie Ihre Fingerspitzen mit lachenden Gesichtern bemalen. Hier geht es darum, dass in der Weihnachtszeit nicht die Geschenke das Wichtigste sind, sondern die Fröhlichkeit und die Freundlichkeit.**

Der Weihnachtsmann ist heute da,
bringt fünf Geschenke:
wunderbar!
*die Hand mit den fünf Fingern hochhalten*

Das erste ist Freude,
*mit dem Daumen wackeln*

ein bisschen davon,
dann kommt das Lachen,
das folgt jetzt schon.
*mit dem Zeigefinger wackeln*

Das dritte ist Wärme,
*mit dem Mittelfinger wackeln*

das vierte ist Mut,
*auf den Ringfinger zeigen*

das fünfte tut allen jetzt richtig gut:
*mit dem kleinen Finger wackeln*

Licht bringt er mit,
es leuchtet jetzt hell:
da freuen sich alle Kinder schnell.
*mit allen Fingern wackeln*

# Geschenktürme bauen

## EIN KREISSPIEL MIT VIEL BEWEGUNG

**Alter** ab 18 Monaten

**Material** viele Schachteln und Kartons in unterschiedlichen Größen

**Jetzt in der Vorweihnachtszeit bestellen die Eltern und auch Sie selbst vielleicht viel im Onlineversandhandel. Die Kartons und Schachteln, in denen alles verpackt ankommt, können Sie über einige Zeit hinweg sammeln. So kann eine ansehnliche Ansammlung an kleinen und mittelgroßen Kartons entstehen, die Sie vielfältig nutzen können.**

Legen Sie alle Kartons und Schachteln verschlossen (zugeklebt) in die Kreismitte. Die Kinder können die Kartons beispielsweise der Größe nach sortieren. Auch Türme oder ganze Häuser lassen sich aus ihnen bauen. Einen Karton in handlicher Größe können Sie offen lassen und eine kleine Überraschung für die Kinder darin verstecken, etwa Weihnachtskekse oder LED-Lichtchen. Dann gut verschließen. Jetzt können die Kinder durch Schütteln der Kartons herausfinden, in welchem Karton die Überraschung stecken könnte.

# Ach, du lieber Weihnachtsmann

## EIN FREU-DICH-LIEDCHEN ZU BEKANNTER MELODIE

**Alter** ab 18 Monaten

**Wenn Sie das Lied „O du lieber Augustin“ kennen, dann können Sie dieses kleine Weihnachtslied sofort mitsingen, denn es hat die gleiche Melodie.**

Ach, du lieber Weihnachtsmann,
Weihnachtsmann,
Weihnachtsmann,
ach, du lieber Weihnachtsmann,
wann kommst du an?
Warten schon lang auf dich,
heut kommst du sicherlich.
Ach, du lieber Weihnachtsmann,
wann kommst du an?

Ach, du lieber Weihnachtsmann,
Weihnachtsmann,
Weihnachtsmann,
ach, du lieber Weihnachtsmann,
wann kommst du an?
Haben ein Lied für dich,
das freut dich sicherlich.
Ach, du lieber Weihnachtsmann,
klopf bei uns an!

**TIPP** Die Kinder können dieses Lied auch prima am Nikolausabend singen, kurz bevor der Nikolaus in die Kita kommt. Dann ersetzen Sie im Text Weihnachtsmann durch Nikolaus. Am Ende des Liedes kann der gute Mann dann laut anklopfen.

# Der Nikolaus kommt an

## EINE SCHNELL-LANGSAM-KLANGGESCHICHTE

**Alter** ab 24 Monaten

**Material** eine kleine Überraschung für die Kinder, für jedes Kind eine Schelle oder ein Glöckchen als Klanginstrument

**Für diese kurze Klanggeschichte brauchen Sie nichts weiter als einige Glöckchen und Schellen jeder Art. Toll ist es, wenn Sie für die Kinder im Anschluss eine kleine Überraschung verstecken, die die Kinder nach Gehör finden müssen.**

Bevor Sie diese kurze Klanggeschichte starten, können Sie irgendwo im Raum für die Kinder ein Geschenk verstecken. Nach der Geschichte können sich die Kinder auf die Suche danach machen. Ältere Krippenkinder können dabei von Ihnen mit dem Glöckchen geleitet werden: Sind sie auf der richtigen Spur/gehen sie in die richtige Richtung, klingeln Sie laut und heftig mit einem Glöckchen. Laufen die Kinder falsch, verstummt das Glöckchen.

Manchmal, wenn es ganz still ist, kann man leise Glöckchen klingeln hören.
*ganz leise klingeln*

Dann ist der Nikolaus in der Nähe, der den Kindern leckere Sachen und Geschenke bringt.
*normal laut klingeln*

Manchmal hat es der Nikolaus eilig und zischt von Haus zu Haus.
*ganz schnell und laut klingeln*

Manchmal hat er aber auch Zeit und schlendert gemütlich.
*ganz langsam klingeln*

Heute hat er es sehr eilig, er ist schon ganz außer Atem.
*schnell klingeln*

Denn heute bringt er den Kindern aus der XY-Gruppe (Namen der Gruppe oder Einrichtung einfügen) eine kleine Überraschung vorbei.
*laut und schnell klingeln*

Wenn ihr jetzt ganz leise werdet, könnt ihr sie vielleicht entdecken.
*immer langsamer und leiser werden, bis schließlich Stille herrscht und die Kinder auf die Suche nach dem Geschenk gehen können*

# „Denkt euch, ich habe das Christkind gesehen“

## EIN AUFPASSREIM KURZ VOR WEIHNACHTEN

**Alter** ab 24 Monaten

**Material** ein kleines Säckchen, gefüllt mit Watte oder einer Überraschung für die Kinder

**Die Dichterin Anna Ritter hat dieses Gedicht Ende des 19./Anfang des 20. Jahrhunderts geschrieben, doch es ist heute noch so aktuell wie vor 100 Jahren. Hier nutzen Sie es als Aufpassreim.**

Dieses Spiel führen Sie am besten an einem Tisch aus. Halten Sie das Säckchen in Ihren Händen unter der Tischplatte versteckt. Dann sprechen Sie das Gedicht und legen gegen Ende des Gedichts das Säckchen auf den Tisch, so wie hier vorgeschlagen.

„Denkt euch, ich habe das Christkind gesehen!
*flüstern, geheimnisvoll tun, „Psst!“ machen*

Es kam aus dem Walde, das Mützchen voll Schnee.
Mit rotgefrorenem Näschen,
die kleinen Hände taten ihm weh.
Denn es trug einen Sack,
der war gar schwer.
*keuchen, über die Stirn streichen*

Schleppte und polterte hinter ihm her.
Was drin war, möchtet ihr wissen?
Ihr Naseweise, ihr Schelmenpack?
Denkt ihr, er wäre offen, der Sack?
*den Sack auf den Tisch legen*

Zugebunden bis oben hin!
Doch war gewiss etwas Schönes … drin!
*jetzt dürfen alle Kinder gleichzeitig versuchen, den Sack zu schnappen*

**TIPP** Die letzte Zeile des Gedichts („Es roch so nach Äpfeln und Nüssen“) wurde hier weggelassen. Wenn Sie das Gedicht mit den Kindern ganz sprechen möchten, können Sie sie natürlich noch aufnehmen.

# Der Nikolaus stapft durch den Schnee

## EIN KNIEREITER FÜR DIE NIKOLAUSZEIT

**Alter** ab 10 Monaten

**Für diesen kleinen Kniereiter nehmen Sie ein Kind auf den Schoß und halten es gut fest, vor allem, wenn Sie sich zur Seite neigen.**

Der Nikolaus stapft durch den Schnee,
*Kind auf den Knien rhythmisch wiegen oder hüpfen lassen*

doch ach, du Schreck, oh weh, oh weh:
*anhalten*

Im tiefen Schnee, da fällt er hin,
stößt sich Knie und das Kinn.
*Kind festhalten und nach vorn neigen*

Die Tiere kommen und helfen ihm auf,
schnell nimmt er ihn wieder auf, seinen Lauf:
*wieder weiter das Kind auf den Knien wiegen oder hüpfen lassen*

um eine Kurve,
*mit dem Kind zur Seite lehnen*

durch einen Graben,
*Kind durch die Knie rutschen lassen*

über einen Baumstamm,
*mit dem Kind im Sitzen einen Hüpfer machen*

doch an einem Stein
stößt er sich's Bein.
*anhalten*

Da setzt er sich hin und ruht einmal aus
und die Geschichte vom Niklaus ist aus.
*kurz zusammen ausruhen*

# Lebkuchen

## EIN SCHLEMMERREZEPT FÜR DIE ADVENTS- UND WINTERZEIT

**Alter** ab 12 Monaten

**Material** 200 g fein gemahlene Mandeln,
100 g Dinkelmehl, ½ Teelöffel Lebkuchengewürz,
1 Teelöffel Backpulver, 80 g weiche Butter oder Margarine,
100 g fein gehackte Datteln, 120 ml Milch, 2 Eier

**Mmh, wie das duftet! Mit echten Weihnachtsgewürzen und Datteln sind diese Lebkuchen verfeinert, die auch schon Ihre Kleinen genießen können.**

Die Datteln für etwa 20 Minuten in der Milch einweichen, dann mit dem Pürierstab fein pürieren. Mandel, Mehl, Backpulver und Gewürze mischen. In einer anderen Schüssel die Eier mit der Butter oder Margarine verrühren. Dann alle Zutaten vermengen, sodass ein cremiger Teig entsteht. Den Teig auf ein mit Backpapier belegtes Blech gießen und glattstreichen. Im vorgeheizten Ofen bei 190 °C 20 bis 25 Minuten backen und auskühlen lassen. Dann in kleine Stückchen schneiden und genießen.

# Kapitel 10

# Mit Kälte, Eis und Schnee

## DER WINTER IM MORGENKREIS

Auch der Winter hat seine schönen Seiten: Drinnen ist es jetzt so gemütlich wie sonst nie, Tee und Kekse schmecken viel besser und an Fasching kann richtig lustig gefeiert werden. Draußen tummeln sich die Wintervögel und manchmal lassen sich auch Schneeflocken blicken und verwandeln die Welt in ein Märchenreich. Höchste Zeit, diesen Wintereindrücken im Morgenkreis Raum zu geben.

# Schneeflocken schweben

## EIN TANZLIED ZUM DIREKTMITMACHEN UND RUHIGWERDEN

**Alter** ab 12 Monaten

**Zu der beruhigenden Melodie von „Leise rieselt der Schnee" gesungen bringt dieses zarte Schneeflockenlied Ruhe und Behaglichkeit in die Gruppe.**

Zum Gesang schweben die Kinder als Schneeflocken durch den Raum. Kinder, die noch nicht sicher laufen können, machen einfach im Sitzen mit und ahmen mit den Armen das Schweben der Flocken nach. Bei „Schneeflocken schweben ganz leicht" sinken die Kinder in jeder Strophe zu Boden oder legen sich auf den Boden und ruhen kurz aus. Singen Sie die letzte Strophe ganz leise oder flüsternd.

Leise rieselt der Schnee,
Winter zaubert die Fee.
Schneeflocken schweben ganz sacht
Auf unser Kitahausdach.

Still und starr ruht die Welt,
wie's der Schneefee gefällt.
Schneeflocken schweben ganz leicht
auf unser Kitahausreich.

Weiß und leis ist es hier,
Seen und Flüsse gefriern.
Schneeflocken schweben ganz weich
Auf unser Kitahaus gleich.

Kinder kommen zur Ruh,
decken sich jetzt gut zu.
Schneeflocken schweben ganz fein,
hüllen das Kitahaus ein.

**TIPP** Passend zur letzten Strophe können sich die Kinder in Decken kuscheln und etwas ausruhen.

# Die kleine Schneeflocke

## EIN STREICHELVERS FÜR DIE WINTERZEIT

**Alter** ab 6 Monaten

**Körperliche Nähe ist für Krippenkinder wichtig, besonders für die ganz kleinen. Dieser kleine Streichelvers eignet sich zum Aufheitern, Kuscheln oder Trösten.**

Ein Schneeflöckchen rieselt vom Himmel herab,
sucht sich zum Landen nen schönen Platz.
*mit einer Hand langsam angeschwebt kommen*

Vielleicht auf diesem schönen Bauch?
Obwohl … der Arm gefällt ihm auch.
*auf dem Bauch, dann am Arm streicheln*

Oder vielleicht das Ohr hier, das kleine?
Oder auf eins dieser Strampelbeine?
*Ohr und Beine streicheln*

Ach, ich nehm doch das Näschen dort,
das ist für mich der schönste Ort.
*auf der Nase streicheln*

# Fünf kleine Vögelchen

## EIN FINGERSPIEL AUS DEM FUTTERHÄUSCHEN

**Alter** ab 12 Monaten
**Material** nach Wunsch: Vogelfingerpüppchen

**Dieses Fingerspiel können Sie den Kindern, wenn Sie möchten, mit Vogelfingerpuppen vorspielen. Bestimmt haben die Kinder draußen schon einige Wintervögel entdeckt. Jetzt im Winter lassen sich bei uns beispielsweise Blau- und Kohlmeise, aber auch andere Meisenarten, Raben und Krähen, Amseln, Dompfaffen und Buchfinken blicken.**

Fünf kleine Vögelchen kommen geflogen,
vom Futterhäuschen angezogen.
*die Hand als Faust mit den eingezogenen Fingern und versteckten Fingerpüppchen zeigen*

Das erste pickt Körnchen,
*den Daumen hervorholen und zeigen*

das zweite pickt Krümel,
*den Zeigefinger zeigen*

das dritte pickt Samen,
*den Mittelfinger zeigen*

das vierte pickt Keime,
*den Ringfinger zeigen*

das fünfte ist von allen das Kleinste.
*mit leiser, hoher Stimme sprechen, den kleinen Finger zeigen*

Doch mit einem Wusch
macht es huschhusch:
*in die Hände klatschen*

die Vögel sind weg
in ihrem Versteck.
*die Hand hinter dem Rücken verstecken*

# Heut' ist Fasching

## EIN FASCHINGSLIED FÜR DIE FÜNFTE JAHRESZEIT

**Alter** ab 24 Monaten

**Marienkäfer, Löwen oder vielleicht Ritter: Als was verkleiden sich Ihre Krippenkinder? Einige Kostüme stellen sich in diesem Lied vor, das Sie zur bekannten Melodie von „Funkel, funkel, kleiner Stern“ singen können.**

Heut ist Fasching/Fastnacht, hört mal her:
Wir feiern und wir freu'n uns sehr.
Dinos, Drachen, Käferlein,
wollen heute Freunde sein.
Astronauten, Roboter
kommen heut zum Feiern her.

Heut ist Fasching, hört mal her:
Wir feiern und wir freu'n uns sehr.
Katzen, Tiger, Elfen fein,
wollen heute Freunde sein.
Prinzessinnen und Rittersleut
kommen mit zum Feiern heut.

TIPP Mit den älteren Krippenkindern können Sie das Lied beispielsweise an der Faschingsparty auch so spielen, dass die Kinder, deren Kostüm im Text vorkommt, aufstehen und sich dann wieder hinsetzen.

# Regen und Wind

## EIN KLANGGEDICHT FÜR BRRR-TAGE

**Alter** ab 2,5 Jahren

**Material** Regen: die eigenen Finger oder Rasseln oder andere „Regen-Instrumente", Wind: die eigene Stimme oder Kazoos

**An manchen Tagen ist das Wetter einfach nur brrr! Wenn die Kinder morgens ankommen, haben sie vielleicht Regen, Schneeregen, Kälte und Nässe kennengelernt. Dann ist der beste Zeitpunkt, um drinnen im Warmen ganz gemütlich das Wetter vor der Haustür nachzumachen: mit Klängen.**

Wie kann man das Heulen des Windes nachmachen? Möchten die Kinder das mit der eigenen Stimme einmal ausprobieren? Auch mit einem Kazoo kann man prima Windgeräusche nachstellen. Machen Sie ein Wind-Heulkonzert daraus. Und wie kann man den Regen nachmachen? Vielleicht mit den Fingern, die auf den Boden klopfen? Welches Instrument könnte man dafür verwenden? Für dieses Klanggedicht können die Kinder sich aufteilen: Einige Kinder sind Windkinder, die anderen Kinder machen mit Instrumenten oder Fingern das Regenprasseln nach.

Guck nur, wie es draußen regnet,
plitsch und platsch
und alles wird nass.
*Regengeräusche nachmachen*

Guck nur, wie es stürmt und weht,
huiii und wuuuh
durchs Gartenbeet.
*Windgeräusche*

Hör nur, wie die Tropfen klingen,
tripp und trapp,
als ob sie singen.
*Regengeräusche*

Hör nur, wie die Winde heulen,
huhu, huhuuu,
wie große Eulen.
*Windgeräusche*

Da bleiben wir drinnen und gucken hinaus,
juhu und hihi,
das Gedicht ist jetzt aus.
*alle applaudieren*

**TIPP** Sind Ihre Kinder schon älter oder interessieren sie sich sehr fürs Geräuschemachen, können Sie noch mehr Instrumente einbinden, wie beispielsweise Ocean Drums, Regenmacher oder Klangstäbe, Trommeln oder auch Schellenbänder.

# Der Anzieh-Song

## EIN ÜBERGANGSLIED FÜRS RAUSGEHEN IM WINTER

**Alter** ab 10 Monaten

**Dieses Lied können die Kinder mit zehn Monaten zwar vielleicht noch nicht mitsingen, aber Sie können es vielfältig einsetzen: Im Morgenkreis können die Kinder als „Trockenübung“ das Anziehen der einzelnen Kleidungsstücke pantomimisch nachstellen – als Bewegungslied. Beim echten Anziehen vor dem Nachdraußengehen können Sie es als Begleitung singen. Mit dem Text lernen die älteren Krippenkinder zunehmend das selbstständige Anziehen. Singen können Sie beispielsweise zur Melodie von „Funkel, funkel, kleiner Stern“ oder zu einer anderen selbst ausgedachten Melodie.**

Komm, wir zieh'n die Hose an,
die kommt an die Beine dran,
hält bei Wind und Regen dicht,
meine Beine frieren nicht.
Komm, wir zieh'n die Hose an,
die kommt an die Beine dran,
hält bei Wind und Regen dich,
meine Beine frieren nicht.

Komm, wir zieh'n die Stiefel an,
die komm'n an die Füße dran,
halten Wind und Regen fern,
Stiefel trag ich wirklich gern.
Komm, wir zieh'n ...

Komm, wir zieh'n die Jacke an,
die kommt an das Bäuchlein dran,
hält bei Wind und Regen dicht,
und mein Bauch, der friert dann nicht.
Komm, wir zieh'n ...

Komm, wir zieh'n die Mütze auf,
die kommt auf das Köpfchen drauf,
die hält Wind und Kälte fern,
Mützen trag ich wirklich gern.
Komm, wir zieh'n ...

Komm, wir zieh'n das Schälchen um,
das kommt um das Hälschen drum,
Hält bei Wind und Regen dicht,
und mein Hals, der friert dann nicht.
Komm, wir zieh'n ...

Komm, wir zieh'n noch Handschuh' an,
die komm'n an die Hände dran,
die halten Wind und Kälte fern,
Handschuh' trag ich wirklich gern.
Komm, wir zieh'n ...

Puh, jetzt ist uns richtig warm,
an Hand und Bein und auch am Arm,
jetzt könn' wir nach draußen geh'n,
auch wenn kalte Winde weh'n!
Unsre Kleidung hält ganz dicht,
so spüren wir das Wetter nicht.

# Es schneit, es schneit

## EIN MITMACHGEDICHT FÜR DIE WINTERZEIT

**Alter** ab 24 Monaten

**Im Winter ist draußen nichts los? Von wegen! In diesem Mitmachgedicht machen die Kinder nach, was in der Winterwelt so alles vor sich geht. Haben die Kinder noch mehr Eindrücke mit in den Morgenkreis gebracht? Nehmen Sie sie auf und erfinden Sie Ihre eigenen Reime dazu.**

Es schneit, es schneit,
's ist Winterzeit.
*mit beiden Händen das Schneien nachstellen, etwa die Hände mit gespreizten Fingern von oben nach unten führen*

Schneeflocken schweben voller Ruh',
decken die Erde zum Schlafen zu.
*wie oben, dann mit beiden Händen das Zudecken nachmachen*

Es schneit, es schneit,
's ist Winterzeit.
*mit beiden Händen das Schneien nachstellen, etwa die Hände mit gespreizten Fingern von oben nach unten führen*

Vögel flattern im Vogelhaus,
picken sich Körnchen und Samen heraus.
*das Flattern nachmachen*

Es schneit …

Der Schneepflug fährt mit lautem Gebrumm,
schiebt Schneemassen auf den Straßen herum.
*das Schneepfluggeräusch nachmachen und mit den Armen das Schieben des Schnees nachstellen*

Es schneit …

Kinder bauen Schneemänner im Garten,
wo sie auf besseres Wetter warten.
*das Schneemannbauen nachmachen*

Es schneit …

# Schneeglöckchen!

## EIN FINGERSPIEL FÜR DAS WINTERENDE

**Alter** ab 18 Monaten

**Material** nach Wunsch und Möglichkeit ein echtes Schneeglöckchen (Achtung, Schneeglöckchen sind giftig und sollten von den Kindern möglichst nicht berührt werden!)

**Schneeglöckchen sind die ersten Anzeichen dafür, dass der Winter sich langsam verabschiedet. Vielleicht freuen wir uns darum so sehr über ihr Erscheinen. Mit diesem Fingerspiel begrüßen die Kinder die Winterblümchen mit Spaß und Reim.**

Leise, ganz leis,
aus Schnee und aus Eis,
*flüstern, die Hand unter dem Arm versteckt halten*

schiebt sich ein Blümchen aus dem Schnee,
darin wohnt ganz sicher die Winterfee.
*die Hand unter dem Arm hervorschieben und hochhalten*

Nickt mit dem Köpfchen,
trägt weiße Röckchen,
*die Hand am Arm bewegen*

so schön ist es immer anzusehen
und jeder weiß jetzt: Der Winter muss gehen.
*winken*

*Bibliografische Information der Deutschen Bibliothek*
Die Deutsche Bibliothek verzeichnet diese Publikation in der Deutschen Nationalbibliografie; detaillierte bibliografische Daten sind im Internet über http://dnb.ddb.de abrufbar.

1. Auflage 2021


Texte: Lena Buchmann
Illustrationen: Stefanie Klaßen
Druck und Bindung: ADverts Printing House

ISBN 978-3-7806-5155-6